知らないと騙される！

詐欺の最新手口

梅本正行、桜井礼子
（防犯ジャーナリスト／防犯アナリスト／日本防犯学校）

JN200316

宝島社

はじめに

「自分は大丈夫」という過信で詐欺に騙される

２０２３年から24年にかけて、被害件数、被害額とも大きく伸びているのが、ＳＮＳ型投資詐欺です。この詐欺の被害者は多くが40代から60代、いままでのオレオレ詐欺の高齢者とは違う年齢層です。いままでオレオレ詐欺は「高齢者が騙されるもの」と思ってきた働き盛りの人たちが多くターゲットになっているのです。

さらに、オレオレ詐欺より騙される件数が多くなっているのが架空料金請求詐欺。これも高齢者（65歳以上）よりも、それ以外の年齢層の方が騙されています。２０２４年１～３月での架空料金請求詐欺の被害者における高齢者の割合は47．７％です。

高齢者とそれ以外と半々です。

詐欺に引っかかるのは高齢者と思っては、駄目です。あなたもターゲットなのです。

読者の中には投資には十分注意していると思っていらっしゃる方も多いでしょう。その方に聞きます。

「クレジットカードの控えは必ずもらっていますか？」

ドキっとした方もいるのではないでしょうか。もらっても控えを捨てていませんか？　そのような方が「少額クレジットカード詐欺」の被害に遭います。

この詐欺については本書で触れていますので、読んでいただくとして、詐欺のワナはいたるところに張られています。「私だけは大丈夫」という過信が、詐欺被害に遭う第一歩です。

本書では、さまざまな詐欺について解説します。同時に対策を提示します。すべてを覚えることはできないでしょう。でも、頭の片隅にこんな詐欺があると記憶に残っていれば、その詐欺に出会ったとき、ピンと来るはずです。

最終章では最低限の詐欺に遭わない鉄則も解説しています。自らと家族の資産を守るためにも読んでください。

著者

第3章 ここまで知りたい詐欺の手口

第1章 急増する詐欺の最新手口

この章では、SNS型投資詐欺、SNS型ロマンス詐欺など、
ここ1〜2年急増している詐欺と、特殊詐欺の中で、
この数年多くなっている詐欺を扱います。
まず最低限知っておきたい詐欺の手口です。

警視庁「特殊詐欺対策ページ」より

SNS型
投資詐欺1

資産を増やそうとして、50代、60代が引っかかる

最近最も増えている詐欺がSNS型投資詐欺です。2024(令和6)年に入って急増、上半期(1月〜6月)だけで、すでに昨年を超えて3570件(昨年は一年間で2271件)、被害額は約506億円(昨年は約280億円)にもなっています。

SNS型投資詐欺はインターネットやSNSなどの投資広告にクリックしてきた人を、グループLINEなどに引き込み、そこで架空の投資話を持ちかけ、出資金や手数料を騙しとるものです。

被害者の半数以上は50代と60代で、**男性の方が少々多いですが、女性も少なくありません。**

2024年5月には、神奈川県の会社役員で50代の女性が被害に遭っています。彼女は、SNSの投資広告をきかっけに著名な投資家を名乗る人物と連絡を取るようになり、「私たちのチームは株式投資市場を分析し利益を出している」という言葉に騙され、4カ月にわたり1億8000万円を振り込んでしまいました。その間、その投資家から指定されてインストールした投資アプリには資産が増えているように示されていましたが、結局、お金を引き出すことができませんでした。

投資詐欺は、お金を持っている人が狙われます。さらに50代、60代になると老後資金を少しでも増やそうと詐欺に引っかかってしまうのです。

典型的なSNS型投資詐欺の手口

1. SNSの広告をタップ

2. 犯人側からLINEなどのグループに招待

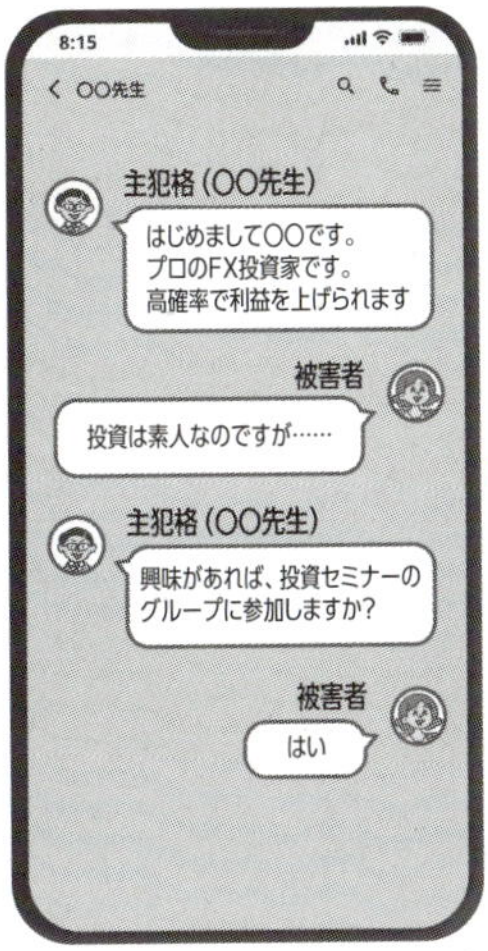

3. サクラからの「儲かっている」という投稿が

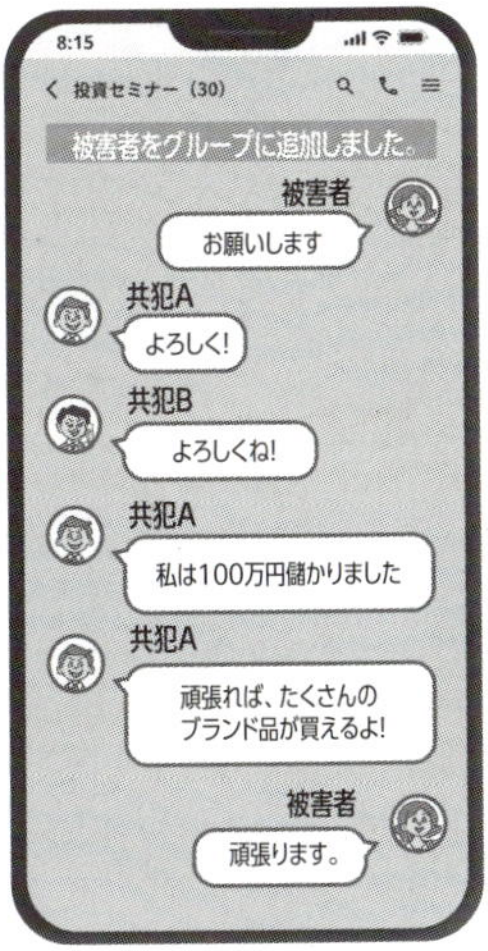

4. 投資家やそのアシスタントを名乗るものから振り込み指示

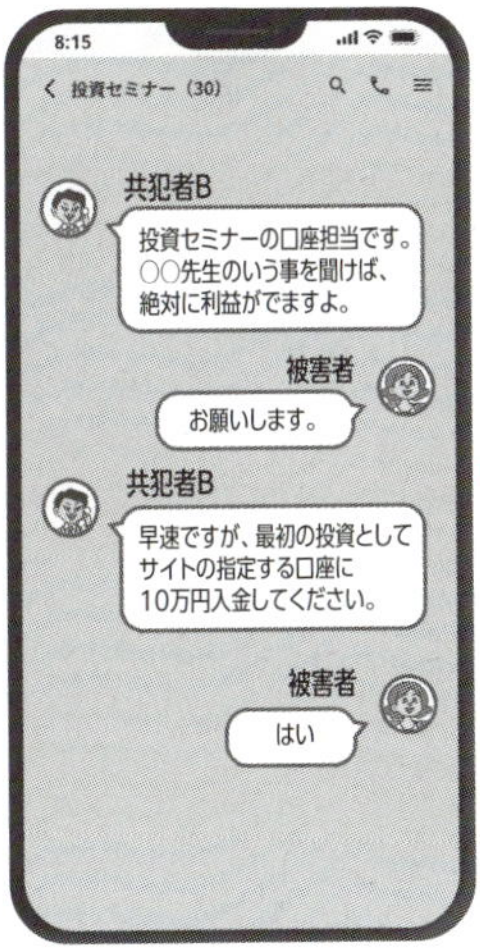

5. 偽の利益を掲載し、その一部（少額）を被害者の口座へ振り込み

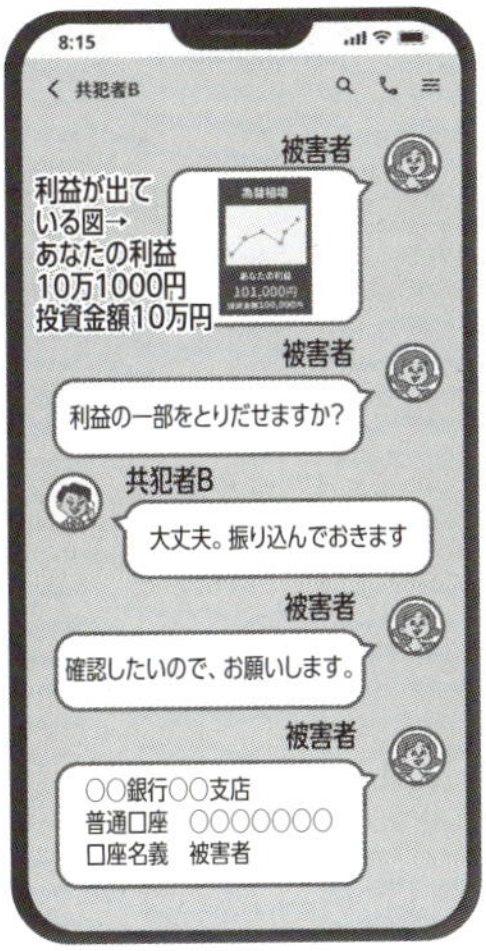

6. 高額の偽利益を表示。全額引き出しのために手数料を要求

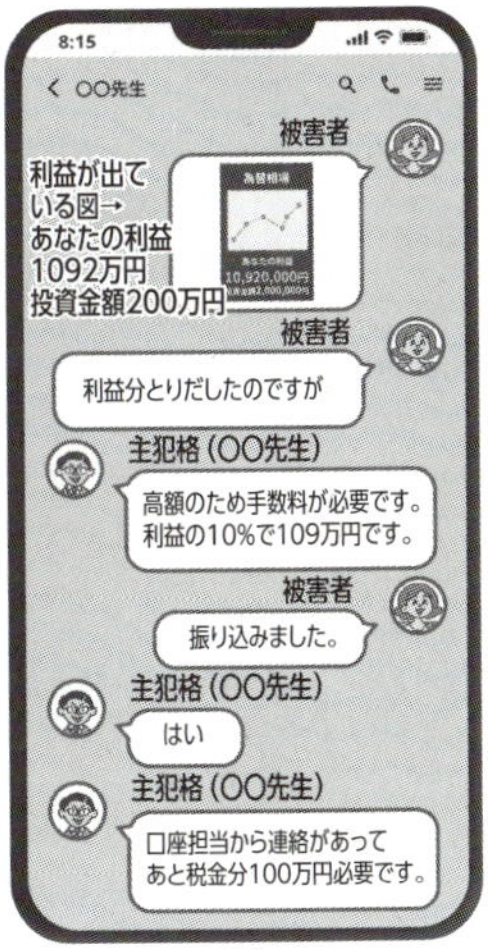

7. 100万円振り込むと、突然連絡が途絶える

警察庁「特殊詐欺対策ページ」をもとに作成

SNS型
投資詐欺2

相手を信用させ、お金を振り込ませる

ここではSNS型投資詐欺の、さまざまなバリエーションを紹介します。実際に行われた詐欺で、警察庁が「特殊詐欺対策ページ」で紹介しているものです。起承転結で解説します。

詐欺の最初に登場する人たちは著名人、投資家、投資コンサルタント、SNSで仲良くなった人など、信用をしてしまいそうな人々です。彼らを信用してしまうと、詐欺に遭い騙されるのです。

Case 1 | 被害者 60代男性 | 被害額 6300万円

起：インターネット上で著名人が投資を勧める広告を発見し、広告をクリック。SNSのアカウントを送信する画面が現れ、自称著名人とアカウントを交換。
承：その後、著名人のアシスタントを自称する者ともアカウントを交換。
転：アシスタントから、以下の連絡が。
「金の投資価値が高まっています」
「必ず儲かります」
「投資サイトを開設しましょう」
この話を信用し専用サイトを開設。指定された口座に振り込み入金したところ、専用サイト上で運用利益が上昇。
結：「もっと儲けることができます。」といわれ6300万円をだまし取られた。

教訓：著名人や投資家になりすました投資広告に注意！

Case 2 | 被害者 50代女性 | 被害額 1億円以上

起：**SNS上で投資関係の広告を見つけてアクセス**したところ、著名人を名乗る者のSNSアカウントに誘導された。
承：「投資グループの先生の言うとおりにすれば必ず儲かる」
などと言われ、投資グループに加入。
転：**投資グループで利用しているサイトの画面上では利益が出ていた**こともあり、著名人のアシスタントを名乗る者などとのやり取りで相手を信用。
結：相手に言われるがまま、1億円以上を指定された口座に振り込み、電子マネーカード数百万円分を購入。コード番号を相手に送信した。

教訓：口座への振り込みだけでなく、電子マネーカードを購入させるといった手口にも注意！

Case 3

被害者 60代女性
被害額 2000万円

起：動画配信サイトで新NISAに関する解説動画を視聴していた際、**動画の概要欄に記載されていたURLアドレスをクリック。**

承：すると、別のSNSのグループチャットへの参加を招待された。

転：チャット内では、株取引に関する情報交換がされており、チャットで知り合った者から投資や暗号資産の取引を誘われた。

「チャット参加者はみな利益を得ています」

「必ず儲けが出ます」

などと言われて信用。

結：チャットで知り合った者が指定する口座への振り込みし、暗号資産の送信により合計約2000万円をだまし取られた。

教訓：**投資用アプリやチャットでの会話から運用収益が上がっているよう見せかけられても信用しない。**

Case 4

被害者 70代男性
被害額 1億円以上

起：SNSで知り合った女性から、「今、投資するなら暗号資産がお勧めです」

などと持ちかけられた。

承：そして、その女性が勧める暗号資産取引アプリをダウンロード。

転：**取引をする中で、「保証金が必要です」**

「この手続きには税金として10%の額がかかります」

などと言われた。

結：そのため、指定された口座に複数回にわたってお金を振り込んでしまい、合計1億円以上をだまし取られた。

教訓：**「保証金」や「税金」の支払いが必要と、お金の振り込みを要求してきたら要注意！　投資のほか、「暗号資産」や「未公開株」などの誘い文句も。**

Case 5

被害者 60代女性
被害額 1400万円以上

起：投資コンサルを自称する男とSNSで知り合う。

承：その男性からSNSを通して以下の連絡が。

「モニター会員を募集しています」

「絶対お得で儲かります」

「もっと金額を増やしたら利益が出ます」

転：男を信頼してしまっていた女性は、指定された口座に複数回振り込み入金。

結：要求はエスカレートし、合計約1400万円だまし取られた。

教訓：**ネットバンキングはいつでもどこでも手続きができるため、詐欺と気がつくまで何度も繰り返し振り込んでしまいがち！**

Case 6

被害者 70代女性
被害額 4500万円以上

起：著名人を自称する者やその助手を自称する者とSNSで知り合う。

承：グループチャットでやり取りをするうち、相手の言葉を信じて指定された口座に複数回振り込み入金してお金を騙し取られた。

転：さらに……。**「お金を倍増させるプランがあります」**

「上位クラスでの取引があります」

などと提案されて、信じてしまう。

結：ふたたびお金を騙し取られた後、「監督当局によって資金が差し止めされている」などと言われて出金できなくなった。

教訓：**一度振り込んでしまうと、お金を取り戻そうと、あとに引けなくなってしまうことも。振り込み注意！**

SNS型
投資詐欺3

「未公開株」「外国通貨」「太陽光発電」に騙される

ここでは、SNSに限らず、投資詐欺に引っかからない方法を解説します。投資をしたい人は多いと思います。どうしたら引っかからずに済むでしょうか。

まず、投資内容で詐欺かどうかがわかります。

「必ず値上がりする未公開株（非上場株）をあなただけに売ります」は、明らかに詐欺です。必ず値上がりする株などありません。すべてリスクが伴います。なおかつ、公開が前提の未公開株であれば、証券会社で買えますが、公開予定のない非上場株を手に入れることは、ほとんど無理です。

「外国通貨」への投資も、かなりリスクがあります。これも絶対に儲けられるというのはウソです。

FX投資などの場合、レバレッジをかければ、かなりのリターンは望めますが、一方、その同じ分のリスクがあります。そもそも外貨を扱えるのは登録された会社だけです。

さらに、「iPS細胞への投資だから」「環境にいい電力システムへの投資だから」といって、投資を勧められても、騙されてはダメです。

なぜ、あなたに投資を求めるのでしょうか。投資先はいくらでもあります。銀行もありますし国が勧める政策なら国が補助してくれるでしょう。あなたに投資を求めてくること自体がおかしいのです。

投資内容でわかる詐欺の手口と対策！

「未公開株」や「私募債」への投資

ある企業の株式について、近々証券取引所に上場（公開）する予定であり、上場すれば高値が付く、安価な今のうちに買っておけば儲かる、といった「未公開株」への投資。あるいは、ある企業がかなり高い金利で債権を発行しているという「私募債」への投資。

対策 「未公開株」や「社債」は、金融庁に登録している証券会社などから購入（検索方法はページの一番下に）すること。その場合でもリスクは必ず確認。それ以外は詐欺。

「外国通貨」への投資

ある開発途上国では様々な開発プロジェクトが進んでおり、近い将来、大きく経済成長する。その国の通貨を安価な今のうちに買っておき、経済成長に応じて値上がりしたところで売れば儲かる、といった「外国通貨」への投資。

対策 外国通貨も、金融庁に登録している金融機関から購入（検索方法はページの一番下に）すること。その場合でもリスクは必ず確認。それ以外は詐欺。

「権利」への投資

風力発電や太陽光発電、HIVの治療薬やiPS細胞の開発など、その時々に話題となっているキーワードに関連して、発電設備を設置する土地の権利や、新技術に関する知的財産権などへの投資。

対策 話しを持ちかけた相手ではなく、それらについて他のルートから自分で調べること。それで確信が持てたら、一考する。ただし、多くは詐欺。投資対象がわからないものは相手にしない。

「プロ向けファンド」への投資

近年が増えているのが、「当社は限られたプロ投資家を対象とした『プロ向けファンド』を運用している業者です」などとして偽って、ファンドへの投資を促す。

対策 プロ向けファンドを一般人が買うことは禁止されている。すべてが犯罪で、詐欺。登録業者かどうかは金融庁のホームページ（検索方法はページの一番下に）でチェックできる。

金融庁に登録している金融業者一覧のアドレス ▶ https://www.fsa.go.jp/menkyo/menkyo.html

金融庁ホームページより作成

SNS型
投資詐欺4

「絶対儲かる」が嘘だと分かっていても……騙される

投資内容に限らず、相手のあなたへのアプローチの仕方で、詐欺かどうかも分かります。**相手が聞いたこともないような業者だったら、疑った方がいいです。**不安であれば、前頁に載せたアドレスから業者が登録されているか調べてください。

さらに、前項でも書きましたが、「絶対儲かる」といっていたら詐欺です。相手は巧みに信じさせますが、あり得ません。現在、定期預金は高くても年利1%強です。終身保険は35年で20%ほど。学資保険も18年で10%です。これらは、元本が保障されていますが年利1%足らず。それも銀行や保険会社が潰れたら戻ってくる可能性は低いです。

それ以外は、すべてそれ以上のリスクがあります。国債、社債にしろ、株にしろ、不動産小口投資やＲＩＴＥ、投資信託でもリスクがあります。海外投資なら、為替リスクがプラスされます。相手は分厚い資料を使って、儲かる根拠を示しますが、**金融商品で絶対に儲かる話などないのです。**

他にも金融庁や財務局、消費者センターを名乗ってアプローチしてくることがありますが、**公的機関が個人に投資の勧誘をすることはありません。**

ＳＮＳにかぎらず、すべての投資は、金融庁に登録している業者（あるいはよく知られている業者）と、リスクを理解したうえで行うのが前提です。

投資詐欺のアプローチの手口

聞いたことのない業者を名乗る

※法律上、幅広い投資家に対して金融商品やファンドへの出資を勧誘できるのは、金融庁（財務局）の登録を受けた業者に限られる。これ以外の事業者が勧誘することは、法律違反の可能性がある。

「上場確実」「必ず儲かります」「元本は保証されています」などと請け合う

※すべての金融商品にリスクはある。
銀行や保険会社もつぶれることはある。

劇場型アプローチ

※下のコラム参照

業者が「金融庁（またはその他の公的機関）から、認可・許可・委託・指示などを受けている」と説明

※金融庁などの公的機関が投資の勧誘やそれに類した業務を民間業者に委託・指示することはない。

金融庁や財務省財務局、消費者庁や消費生活センター、証券取引等監視委員会などの公的機関や、それらを連想させるような名称を使う

※公的機関かどうか、直接そこへ連絡して確かめる。

Column 「劇場型アプローチ」

一見、別々の会社を装った複数の人間が口裏を合わせて、一人の消費者を騙しにかかる手口。例えばあなたが、X社の株式・社債の購入を勧誘された後、別の業者からタイミングよく連絡があり、「その株は必ず値上がりする」「その株を買ってくれたら、後日高値で買い取る」などと勧誘されるなどの手口。

金融庁ホームページより作成

SNS型ロマンス詐欺1

台湾出身の女性と偽られ600万円騙し取られた

現在、急激に増えている詐欺に**SNS型ロマンス詐欺**があります。**マッチングアプリやSNSなどを通じて知り合った**異性に、恋心をいだき、それを利用されて投資や事業資金などをでっち上げられて、金を巻き上げられる詐欺です。顔を一度も見たこともない相手にお金を渡してしまうのです。

2024年は、4月までで認知されているだけでも832件、84億円強の被害が出ています。被害者は男性が6割ですが、女性もいます。**被害にあった年齢層の多くは40代から60代。男性は50代、60代が多く、女性は逆に40代が多いのです。**

詐欺師との最初の出会いはマッチングアプリや

SNSなどのダイレクトメッセージです。

2024年8月に、大津市の50代の会社役員の男性が被害にあったことが記事になっています。

男性は23年10月に、SNSで知り合った台湾出身の女性を名乗る人物とLINEでのやりとりをし、「小遣い稼ぎをやらないか」「暗号資産を購入する必要がある」と投資話をもちかけられました。アプリ内で利益が出て自身の口座に一部が振り込まれたことから、今年2月まで送金を続け、600万円をだまし取られたのです。**SNS型ロマンス詐欺は、異性への恋心を利用します。異性の言葉に警戒心の薄らいだところを狙うのです。**

典型的なSNS型ロマンス詐欺

1. マッチングアプリやSNSでやり取りがスタート

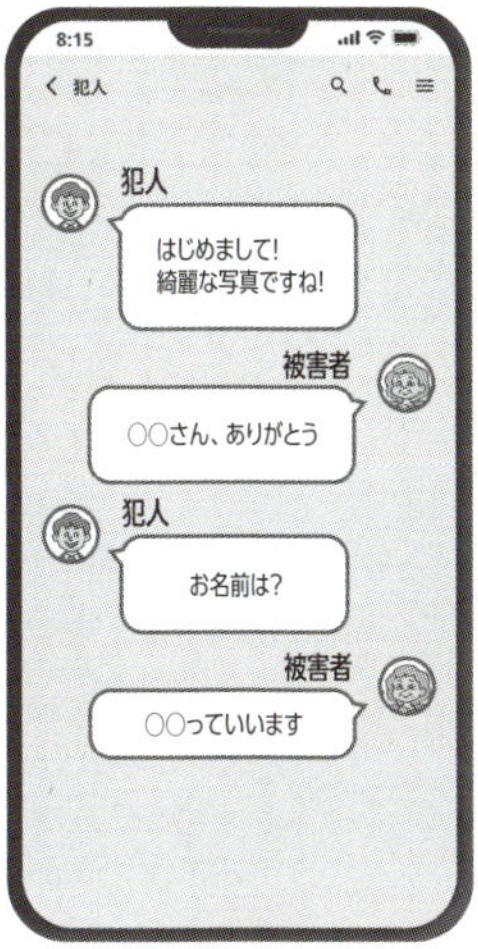

2. 他のサービスでやり取りをするよう持ちかけられる

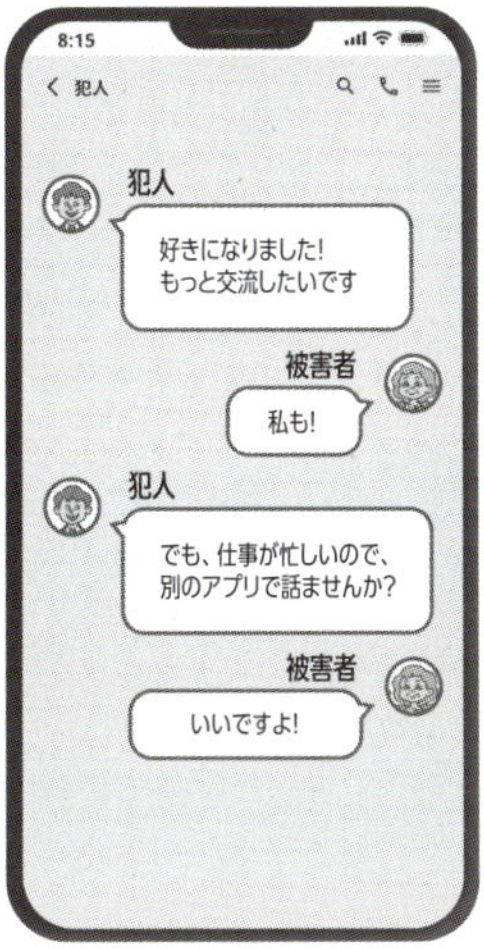

3. 恋愛感情を抱かせるようなメッセージが送られてくる

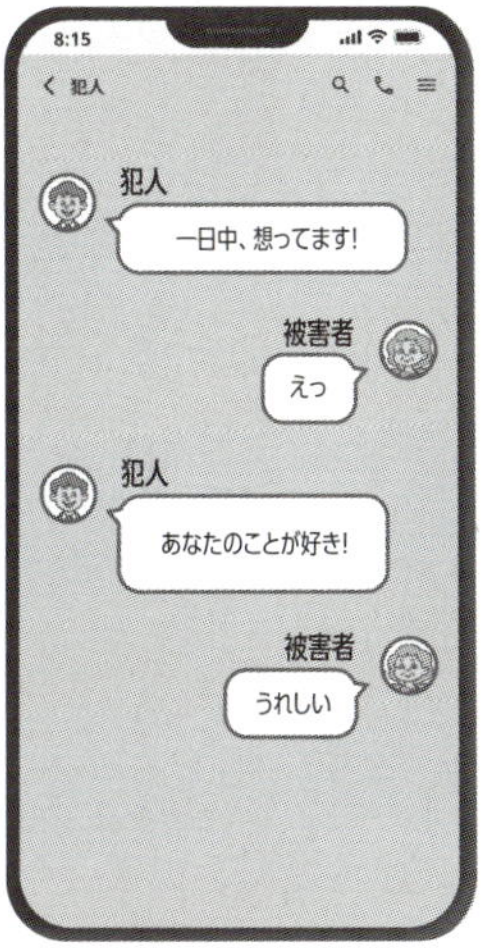

4. 投資サイトを案内され、勧められる

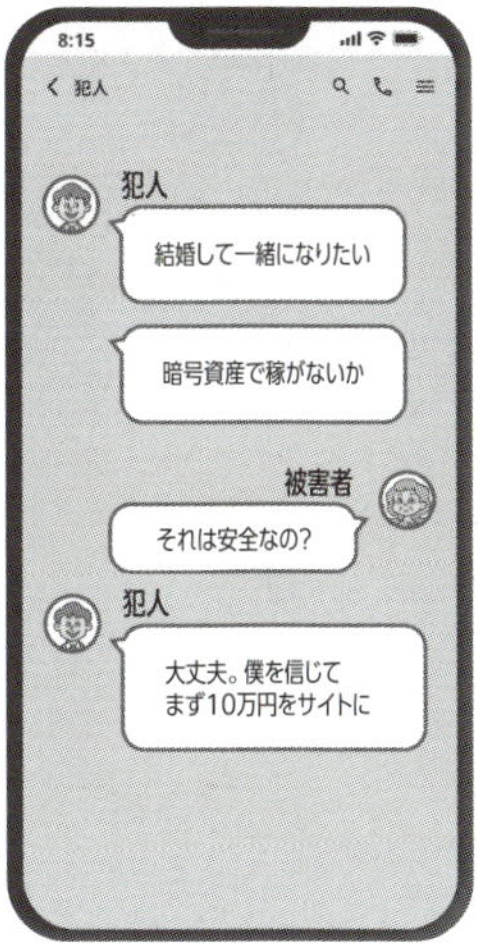

5. さらに高額投資をするよう勧められる

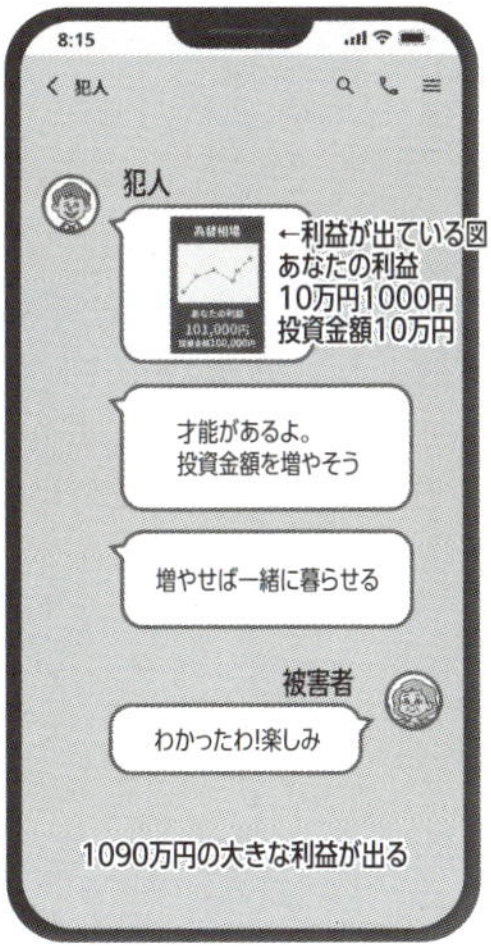

6. 出金しようとすると、さまざまな名目で送金を請求され、結局出金できない。

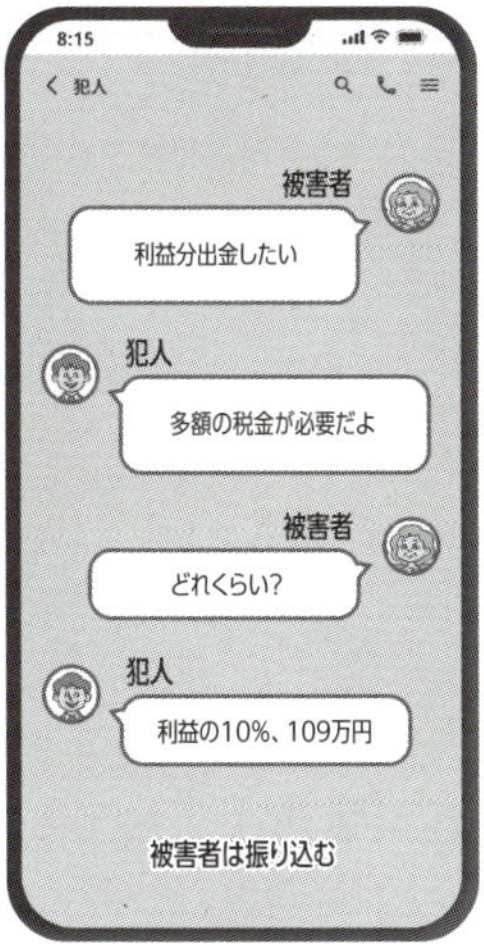

7. 最後は相手と連絡が取れなくなる

警察庁「特殊詐欺対策ページ」をもとに作成

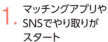

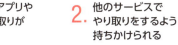

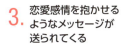

SNS型ロマンス詐欺2

お金の話が出たら要注意！どんな手口も最後はお金

SNS型ロマンス詐欺の特徴のひとつは、あったこともない人に騙されること。そして、必ずお金の話が出てきます。ただし、お金の話にはさまざまなパターンがあります。

次ページで警察庁が「特殊詐欺」の啓発ページで紹介している被害のケースを掲載します。ここには、投資はもちろん、暗号資産、副業、そして自らの苦境を訴えてお金を求めるケースもあります。

さまざまなパターンがありますが、**結局、相手の目的はお金や資産です。必ず最後には、金品を要求してきます。**

ただし、ロマンス詐欺は出会いを求めている男女に仕掛けられます。そのため、どうしても、恋愛感情が先立って、相手の要求を受け入れてしまいます。ここが、この詐欺の大きな特徴。

恋愛感情があると、「犯罪に巻き込まれる」「家族が病気で高額の費用がかかる」などと、苦しい境遇を訴えられると、思わず費用を負担したくなります。これが相手の狙いです。

出会いを求め、長い付き合いをしたのならば、相手の素性をしっかり見極めることが大切です。会ったこともない人を信用してはいけません。SNSであれば、男が女のふりを、女が男のふりをすることも可能なのです。

Case 1 **被害者** 40代女性 **被害額** 約500万円

起：英国在住の韓国人と称する男とSNSで知り合う。
承：一度も実際に会わないまま結婚を約束。
転：「仕事で必要な金を立て替えてくれないか。立て替えてくれないと契約違反で警察に捕まって刑務所に入ることになる」とSNSを通して連絡が。
結：男を信じていた女性は、指定された口座に複数回振込入金してお金を騙し取られた。

教訓：恋愛感情や親近感を抱いていると、相手を疑わず振り込んでしまうことも。会ったことのない人からお金の振り込みを求める連絡には要注意。

Case 2 **被害者** 40代男性 **被害額** 約700万円

起：マカオ在住の30代独身を自称する女とオンラインで知り合う。
承：「暗号資産の短期取引をしている」「暗号資産のことを伝えたのも私たちの仲が良くなるため」「日本に行くときはよろしくお願いします」「もっと早く富と自由を実現しますよ」などとSNSで言われ、信じてしまう。
転：暗号資産を購入するとの名目で指定された口座に複数回振込入金。
結：結局、お金を騙し取られた。

教訓：暗号資産も貴重なお金、要注意！

Case 3 **被害者** 40代男性 **被害額** 約300万円

起：男性のSNSに友達申請された日本人女性とSNSで連絡を取り合う。
承：次第にその者に対して恋愛感情を抱くようになっていたところ、その者から投資を勧められた。
「2人で旅行に行きたい」
「2人の将来のために投資でお金を貯めよう」、「必ず儲かる」
転：この話を信用した男性が女性に勧められるまま投資用の専用アプリをインストール。
結：そして、女性が指定する口座に振り込みを行い、約300万円を騙し取られた。

教訓：2人の将来のための資産形成などと投資を勧めてきたら要注意！

Case 4 **被害者** 50代男性 **被害額** 約3300万円

起：マッチングアプリ上で知り合った女性とSNSで連絡を取り合う。
承：そのうちに、その者に対して恋愛感情を抱くようになっていた。
転：そのころ、その者からインターネットショップの運営を勧められた。
「費用はかからずに儲けられる」と。
結：この話を信用した男性は販売商品の仕入れや販売利益の出金時に必要となる保証金として合計約3300万円を騙し取られた。

教訓：副業を勧められても、話に乗ってはいけない。

還付金詐欺1

「特別」「今回だけ」に騙される

還付金詐欺は電話で行われます。その典型的で非常に巧妙な手口を解説しましょう。還付金の内容は、さまざまです。よくあるのが医療費、年金、そして定額減税のような政策にそったものです。

その巧妙なテクニックが「特別」の言葉です。さらに「いまだけ」「今回だけ」と言います。この言葉に人々は弱いのです。「今回、特別に還付金が支給されます」と言われると、思わず、信じてしまう人が出ます。**さらに、詐欺師は「これは希望者だけ」と説明します。**だから、希望があるかないか、電話で聞いていることです。どんな還付金でも役所から電話がかかってきて手続きが行われることはありません。しかし、「特別」、「今回だけ」、「希望者だけ」と説明されると、電話がかかってきても不信感を持たなくなります。

そして、ATMに行くよう促され、ATMに行くと携帯電話越しに操作を指示されます。その操作は相手（詐欺師あて）への振り込みであるにもかかわらず、電話相手を信じて行ってしまうのです。

そのとき、コンビニなどのATMであれば、コンビニ店員が、電話をかけながら操作をしているお客さんを不審に思います。それを防ぐために**詐欺グループはそのコンビニにクレームなどの電話をして、目をそらすことまでするのです。**

こんな電話に注意！

詐欺師：年金支給が一部未払いとなっておりましたので、受け取る手続きをしてください。

被害者：そんな案内来てたかな？

詐欺師：以前に青色の封筒を送りましたが、ご確認されてないですか？払い戻し期限が今日までとなっているので、お電話しています。

被害者：それは大変。見落としたかも…。

詐欺師：お近くのATMでお手続きができますので、今から携帯電話を持ってATMに向かってください。着いたらお電話いただければ、操作方法を説明します。

ATMに向かい、犯人に電話をすると…

詐欺師：操作方法を説明しますので、私が言ったとおりにボタンを押してください。

被害者：言われたとおりに入力しました。

※実際には、犯人にお金を振り込む手続きをしてしまう

※還付金詐欺は、被害者側は、医療費・保険金の過払い金や未払いの年金などのお金を受け取れると信じて、犯人の言われるがままに動いてしまいます。

知っておくべきこと ATMでお金が返ってくることは絶対にない！

対策

- 電話でお金の話が出たら、家族に相談する
- 迷惑電話防止機器を利用する
- 公的機関の名を出されても信用しない
- 不安であれば、公的機関にあとから電話して確認

警察庁「特殊詐欺対策ページ」より作成

架空料金
請求詐欺

あなたの電話番号が詐欺に使われ、和解金が必要！

架空料金請求詐欺の典型例は、有料サイトの支払いが滞っているなどショートメッセージが来て、そこに連絡をすると、**「支払いをしないと裁判にかけられる」などといわれ、請求額を支払ってしまう**ものです。

ただし、最近は、より巧妙な手口になっています。2024年5月に発覚したのは、出入力管理局をかたった架空料金請求詐欺事件です。

北海道の北斗市に住む男性に、出入国管理局の職員を名乗る人物から電話がかかってきました。その内容は、**「あなたの電話番号が詐欺に使われている。被害者と和解しないと逮捕される」というもの**でした。

その後、上海警察を名乗る者からも同様な電話がかかってきます。

さらに被害者の弁護士を名乗る人物から、示談金をもとめる電話がかかってきました。そして、さまざまな理由をつけられ**3回にわたって現金2000万円を支払ってしまった**というものです。

犯罪グループは数人がかりで、手の込んだ芝居をします。見覚えのない請求は、まず、詐欺を疑うべきです。不安であれば、**警察の相談専用窓口「#9110」や、消費者ホットライン「188」に電話しましょう。**

架空料金請求詐欺の犯罪事例

（ゆうちょ銀行の「架空請求詐欺の犯罪事例」より作成）

「借金を一本化しませんか」と電話がかかってきて……

被害者 男性　**被害額** 事前に発覚

男性宅に、金融機関職員を装った者から、**「借金を一本化しませんか」と電話**がかかってきた。男性が「一本化したい」と回答したところ、「90万円の手数料が必要」と言われたため、**男性は金融機関の窓口で 90万円の送金を依頼**した。

その際、不審に思った窓口担当者は、すぐに警察に届け出るように男性を説得した。

男性は警察に相談に行き、架空料金請求詐欺であることが判明した。

「裁判になるので供託金が必要」と言われ……

被害者 男性　**被害額** 4285万円

男性の**携帯電話に有料サイトの利用料を請求するメール**があった。
男性は詳細を聞くために、メールに記載された電話番号に連絡したところ、「利用料を支払わないなら裁判を起こすので供託金が必要」等と言われ、**15回にわたって郵便局から合計 4285万円を現金書留で送金**してしまった。
さらに郵便局で 250万円を送金しようとしたところ、窓口担当者に声を掛けられ、初めて架空料金請求詐欺の被害に遭っていると気がついた。

大手動画配信業者をかたる者から**ショートメールを受信**し……

被害者 男性　**被害額** 12万円

男性の携帯電話に、**「有料動画閲覧履歴があり、登録解除の連絡を本日いただけない場合、身辺調査および強制執行の法的措置に移ります。(電話番号) D社」**と記載されたショートメールが届いた。

男性は、**「身辺調査」という言葉が怖くなり、電話した**ところ、D社サポートセンターと名乗る担当者から、「有料動画配信サイトの年会費が未納となっており、このままではあなたの名前がブラックリストに載ります。大手通販サイトのギフトカードを購入して12万円支払ってください」と言われ指示通り支払いを済ませた。


架空料金請求詐欺とは、裁判という言葉をちらつかせることで、被害者の不安感をあおります。また、「保険が使えるから全額返金される」などと言うこともありますが、すべて支払わせるための嘘です。

対策

- ハガキやショートメッセージなどにある連絡先には連絡しない
- 「現金送れ」「コンビニで電子マネーを買って」は相手にしない
- 個人情報や暗証番号を教えない
- 不安であれば、警察の相談専用窓口「# 9110」に電話

預貯金詐欺

振り込みの手続きにキャッシュカードが必要!?

高齢者に被害が多いのが預貯金詐欺です。預貯金詐欺の具体的手口を紹介しましょう。朝日新聞2024年4月20日の記事の要約です。

預貯金詐欺にあったのは、三重県津市に住む80代の女性。被害にあったのは2023年の6月16日。その日、**80代の女性宅の固定電話に金融機関の店長を名乗る男から連絡がありました。**

その金融機関は彼女にとって、所有する土地のことなどを普段から相談しており、店長であることにまったく疑いを持たなかったのです。店長と名乗るものと20分も話し込み、口調も優しくて、彼女の話を「はいはい」と聞いてくれたそうです。

そのものから「振り込みの手続きにキャッシュカードが必要で、いまから職員が取りに行くので渡してほしい」といわれ、暗証番号も教えてしまいました。電話を切ると、勝手口に職員を名乗るものがいて、キャッシュカードを渡してしまったのです。2日後、彼女から話を聞いた娘が不審に思って通帳を調べると、**3回にわたって約40万円が引き出されていました。**40万円は年金をコツコツ貯めたお金でした。

ちなみに、この事件以降、80代の女性は、安易に人を信じてはいけないと思うようになり、お金の管理はすべて娘に任せるようになったそうです。

こんな電話に注意！

詐欺師：医療費(保険料)の払戻しがありまして、振り込みのためには今お使いのキャッシュカードを変更する必要があります。

被害者：どうすればよいですか?

詐欺師：のちほど、銀行協会の方から手続きについてお電話でご案内いたします。

被害者：ありがとうございます。

詐欺師：新しいキャッシュカードを作るので、今からキャッシュカードを自宅に取りに行きます。 手続きのため暗証番号も教えていただけますか?

被害者：わかりました。XXXXです。

要注意ポイント

他にも、大手百貨店や家電量販店の店員などを名乗り「あなた名義のキャッシュカードで買物をした犯人がいます」という場合や、自治体職員を名乗り「コロナウイルスの関係で給付金が支給されます」 などと電話をかけてくることもあります。いずれも自宅を訪れ、キャッシュカードを騙し取る手口です。

知っておくべきこと **自治体、銀行協会などの職員が暗証番号を聞いたり、キャッシュカードを預かりに来たりすることは絶対にありません。**

対策
- 電迷惑電話防止機器を利用する
- おかしいな…と思ったら家族に相談

警察庁「特殊詐欺対策ページ」より作成

キャッシュカード詐欺盗

「キャッシュカードが不正利用されています」から始まる詐欺

預貯金詐欺と似ている詐欺がこのキャッシュカード詐欺盗です。

「キャッシュカードが不正利用されています」の電話から詐欺は始まります。かけてくる相手は警察官や銀行協会のものを名乗ります。

この詐欺の被害にあうのは65歳以上の高齢者がほとんど。２０２４年１～３月の統計では98・３%が65歳以上の高齢者。高齢者は要注意です。

手口の特徴は封筒にキャッシュカードと暗証番号を書いた紙を入れさせること。「キャッシュカードが不正に利用されているので、カードを保管します」とか、「カードを再発行します」と、カードと紙を封筒に入れ封印させます。

封筒に入れて封印する理由は、封筒をすり替えるためと、封筒の中味を見せないため。すり替える方法は、**「勝手に開けられないように封印のために印鑑を押します」といって、被害者に印鑑を部屋に取りに行かせます。その隙にすり替えます。**

そして、犯罪者たちは「後ほど、処理が終わったら連絡します」といって去っていきます。しかし、連絡は来ません。そこで、被害者は封筒を開けると、カードの大きさの厚紙などを発見して騙されたことに気がつきます。でも、そのときには、銀行口座からお金が引き出されているのです。

こんな電話に注意しよう

詐欺師：特殊詐欺グループを捜査しているのですが、あなたのキャッシュカード（銀行口座）が不正に悪用されていることが分かりました。

被害者：え!困ります…。

詐欺師：大丈夫です。保護申請の手続きがありまして、そのためにキャッシュカードを確認したいので、ご自宅に伺ってもよろしいですか?

被害者：よろしくおねがいします。

ニセ警察官・ニセ銀行職員が自宅に来訪

詐欺師：手続きを行いますので、この封筒にキャッシュカードと暗証番号を書いたメモを入れてください。

被害者：はい、こちらです。

詐欺師：封筒に割印が必要ですので印鑑を持ってきてください。

被害者：少しお待ちください。

室内に印鑑を取りに戻るなど、目を離した隙に偽物のカードが入った封筒と本物のカードが入った封筒をすり替えられてしまいます。

詐欺師：割印ありがとうございます。手続完了の連絡がくるまで、封筒を開かず大事に保管してください。

被害者：これで、安心だわ……。

※偽物のカードが入った封筒を受け取ったと気付いていない。

要注意ポイント 最後に「封筒を開かず保管して」と言われることで、すぐにはキャッシュカードのすり替えに気がつくことができず、その間に口座から現金が引き出されてしまう巧妙な手口

知っておくべきこと 警察官、銀行協会などの職員が暗証番号を聞いたり、キャッシュカードを封筒に入れさせたりすることは絶対にありません。

警察庁「特殊詐欺対策ページ」をもとに作成

Column 1

組織化された犯罪

ビジネス化、産業化する詐欺

2024年7月31日のヤフーニュースで、読売テレビの記者がSNS型投資詐欺をしていた20代男性を独占取材した記事が載っています。

その男性は**「スマホ30台くらいを使って、SNSで1日に450人くらいに投資を勧誘するメッセージを送っていた」**といいます。男性は友達から「営業の仕事があるよ」と誘われ、**雇い主から「この仕事は合法である」と聞かされていました。**

彼が務めた先（犯罪拠点）は大阪市内のビルの一室。そこには20人ほどが働いており、机といすがそれぞれ与えられ、大量のスマホがありました。20人は大きく「インスタ班」と「ライン班」に分かれており、「インスタ班」はインスタグラムで不特定多数にメッセージを送り投資に興味のある人を探す役目。「ライン班」は興味を持った人にLINEを使ってウソの投資をさせていく役目です。

20代の男性は「インスタ班」に配属され、平日の朝9時から午後5時まで働きます。

彼は、架空の女性のアカウントを作成し、メッセージを送ります。メッセージの内容については、リーダーから、ひな形をもらって、それをアレンジします。**リーダーからは「共感できるような内容をストーリーにあげる」「文章が多すぎたら見てもらえない」などと指導を受けた**といいます。

給与は歩合制で、成功すれば、かなりの額が稼げます。月に200万円も稼ぐものもいたそうです。

このように詐欺はビジネス化しています。そして、彼らは日々力量を磨き、詐欺を働くのです。

第2章

日々進化する特殊詐欺

この章では、オレオレ詐欺を含め、
日々進化する詐欺を解説します。
高齢者でなくても被害者になる痴漢詐欺や
国際通話詐欺など誰でも騙される詐欺です。

オレオレ詐欺

せき込んで、声をごまかし心配する親心を利用する

オレオレ詐欺の被害が報道されるようになって長い年月が経ちますが、それでもオレオレ詐欺はなくなりません。2023年の認知された被害件数は3955件、被害額は133・5億円。前年と比べて件数は減っていますが、被害額は増えています。なぜ、なくならないのでしょうか。

それは、日々、詐欺が進化しているからです。

方言を使って地方の人を騙すのは普通のこと。声質の違いは、**「オレいま風邪を引いているから」といって、せき込んでごまかす。**さらに、せき込むことで、電話に出た被害者の心配する親心を利用して、不審に思う気持ちを抱かせません。

それで、信じ込んでしまった被害者は、ニセの息子の話を聞いてしまうのです。ニセの息子はいいます。「オレ、お袋に言ってなかったけど、**携帯電話替えたんだ。**それに、取引会社に200万円の損失を与えしまって、その損失の補填期限が今日までで、お袋に頼むしかないと思って」

さらに、巧妙にも、**上司と名乗る人物が出てきて、**「200万円のうち、100万円はなんとか調達できたのですが、残りは何ともならなくて、心苦しいのですが、お母さんに頼むしか……」と言われて信じ込みます。そして、その被害者は、言われるがまま、お金を出してしまうのです。

こんな電話に注意しよう

詐欺師：会社のお金が入ったカバンを落としてしまった!　今日中にお金がいるんだけど、何とかならない?

被害者：急に言われても、困るわ

上司：私も負担するので、どうにかお願いします

被害者：(上司の方がいるなら本当ね…)

詐欺師：銀行で引出理由を聞かれたら、リフォーム代とか、身内に不幸があったなどと言って、上手くごまかしてね

被害者：お金、用意できたよ

詐欺師：ありがとう!　自分は落とし物の届け出があって行けないので、代わりに同僚に行ってもらうね

要注意ポイント

犯人側は金融機関の窓口で詐欺被害防止のために引出理由を確認することを知っているため、銀行での振る舞いについても指示してくることがあります。
また、受け子と呼ばれる犯人がお金を引き取るように仕向けるので、本物のお子さんが来ることはありません。

知っておくべきこと

- 電話でお金の話が出たら、一旦電話を切り、すぐに家族などに相談!
- 迷惑電話防止機器を利用する
- 事前に家族の合い言葉を決めておく
- 個人情報や暗証番号を教えない
- 電話をかけてきた家族に自分から電話して確認する

警察庁「特殊詐欺対策ページ」より作成

痴漢詐欺

夫の痴漢の示談金として妻や母親にお金を要求

痴漢詐欺は、大きく二つあります。ひとつは**犯罪グループの女性が、ターゲットの男性に近づき、「痴漢！」と声をあげて、男性に罪を擦り付ける方法**です。これによって、男性から示談金を巻き上げようとします。

もうひとつは、**自宅にいる妻や母親に警察を名乗るものから電話がかかってきて、「お宅の夫（息子）が、電車の中である女性に痴漢をしまして、被害者が公にしたくないということで、示談金**で事を収めようとしています。100万円と話していますが、いますぐ、用意できるでしょうか。用意できれば、すぐ釈放されます」というものです。

まるっきりのウソですが、詐欺グループはそのために、事前にその夫や息子の携帯電話に何度も電話をかけ、出ると直ぐに切るを、繰り返します。そうすると、夫や息子は、いたずら電話の対処で、電話の電源を落としたり、着信拒否にしてしまう事があるのです。詐欺グループは妻や母親にいいます。「夫（息子）に電話をしてみてください。つながらないと思います。いま、彼の携帯電話は警察で預かっているからです」

このとき、妻や母親は夫や息子に電話をしようとしますが、つながりません。これで信じてしまって、要求された示談金を払ってしまうのです。

これが痴漢詐欺！

●「ちかん」呼ばわりされたら

1、冷静にやっていないと主張し、その場を立ち去る（駅長室などに行くと冤罪にさらされる可能性も）
2、相手の女性との会話をすべて録音する
3、もし、駅長室に行くことになったら、DNA鑑定をしてもらう

●こんな電話がかかってくる

詐欺師：〇〇警察ですが、奥様ですか？　そちらの〇〇さんが痴漢をしまして、こちらで勾留しています。携帯電話が通じないのはそのためです

被害者：本当ですか？　夫に電話してみます

電話が通じない

詐欺師：現在、被害者の女性の方と話をしているのですが、事が事だけに公にしたくないということで、ただし、それなりの賠償をしてほしいということです。100万円を請求されていますが、用意できるでしょか？

被害者：いま突然は無理です

詐欺師：いくらなら大丈夫でしょうか

被害者：50万円なら

詐欺師：被害者に確認してみます

少し間があく

詐欺師：被害者はそれで納得するそうです。いまから被害者の代理人が行きますので、そちらにお渡しください

代理人が来て、50万円を渡してしまう。

知っておくべきこと

警察が示談金交渉や賠償金の話をすることはない！

犯罪でっち上げ詐欺

あなたは特殊詐欺の重要参考人になっています！

架空料金請求詐欺に近いものですが、詐欺グループはターゲットの被害者を犯罪者にしたて、その犯罪に絡む賠償金等を請求するものです。

かなり手の込んだ犯罪で、一人で抱え込むと泥沼にはまります。NHKがWEB特集（「刑事・片桐優一」2024年1月30日付）で報道した内容をかいつまんで紹介しましょう。

刑事、片桐が登場

愛知県に住む会社員Aさんのスマホに着信があったのは2023年の秋です。その電話は総務省のマツカワを名乗るものでした。

「**あなたの名義で、札幌市豊平区で契約された携帯が、投資詐欺や架空請求に使われています。身に覚えがないのであれば、豊平警察署に連絡してください。**今から警察へ転送します」

そして、転送された電話から**刑事、片桐を名乗るものが応答**しました。そして告げたのです。

「警察のデータベースを見ると、**あなたは特殊犯罪の重要参考人になっています。**被害額は300億円に上ります。そのグループは逮捕され、その主犯格が『あなたから1500万円を支払った』と供述しています。キャッシュカードを購入し、キャッシュカードを売っていませんか」

そして、捜査を進めるにあたってLINEでやりとりをするよう求めてきました。Aさんはそれに応じると、捜査の秘密を守るために「守秘義務契約書」を送ってきて、だれにも口外しないよう言われます。契約書に押されていた印鑑は、インターネットで調べると実在の人物でした。

その後、Aさんは犯罪グループからの送金がないかを調べるため、**銀行口座、株式、不動産の資産リストを送るよう、片桐から求められます。**

それにAさんは抵抗しますが、**「教えないと逮捕する」と繰り返される脅し**に、結局、銀行口座などの資産状況を教えてしまいます。

この間1週間。心労でげっそりやせてしまったAさんを心配した上司が声をかけます。これにAさんは助けられました。上司に事情を話すと、弁護士に相談に一緒に相談にいってくれました。そして弁護士から、それは詐欺であることを伝えられます。

間一髪で、Aさんは助かりました。銀行口座は伝えましたが、暗証番号は伝えてなかったのです。

架空請求詐欺のところでも、北海道の事件を紹介しましたが、警察や出入国管理事務所が、「あなたの携帯番号が犯罪や特殊詐欺に使われている」「あなたが犯罪のリストに載っている」などと言って、保証金や示談金、賠償金を求めてくることがあります。絶対にそんなことはありません。

不安であれば、110番か警察の相談窓口#9110に電話しましょう。

犯罪でっち上げ詐欺に巻き込まれないために

1、知らない電話には出ない！　特に海外の番号
2、実在する機関に直接確認する！
3、警察は捜査情報をSNSで伝えない！
4、不審に思うこと、個人情報やお金の話が出たら、すぐに公的機関に相談

返金詐欺

コード決済で返金する、が危ない

ネットで品物を買うことが増えている現在、ネット通販を使った返金詐欺が増えています。**返金詐欺は欠品で買えなかった分のお金を返金してほしいと通販会社に頼むと、逆にお金が取られてしまうというもの。**特徴は「コード決済で返金」です。

始まりは、価格のかなり低い商品を、偽通販サイトで購入したところから始まります。まず、ここが落とし穴。**安さでお客を釣るのです。**

しかし、支払いした後、欠品で商品がないと販売元からメールが来ます。そこで、返金を求めるとPayPayなどの電子マネーによるコード決済を提示されます。**返金はコード決済のみ**です。

仕方なしに、相手から送られたQRコードを読み取って開くと金額が入っており、そこには「支払い」のボタンがあります。「支払い」の文字に疑問を感じて、お客が「私が支払うことになりませんか」と質問しても、販売店は「それを押してもらわないと返金できない」の一点張りです。

結局、**それを信じて、ボタンを押してしまうと、記載の金額分のお金をとられてしまうのです。**

なぜ、危ないと思っても、「支払い」ボタンを押してしまうのでしょうか。それは「返金してほしい」という強い思いに負けてしまうからです。詐欺グループもそこを強調してくるのです。

これが返金詐欺だ

お客：かなり安い商品を購入

↓

通販サイト：欠品で商品がない

↓

お客：返金を要求

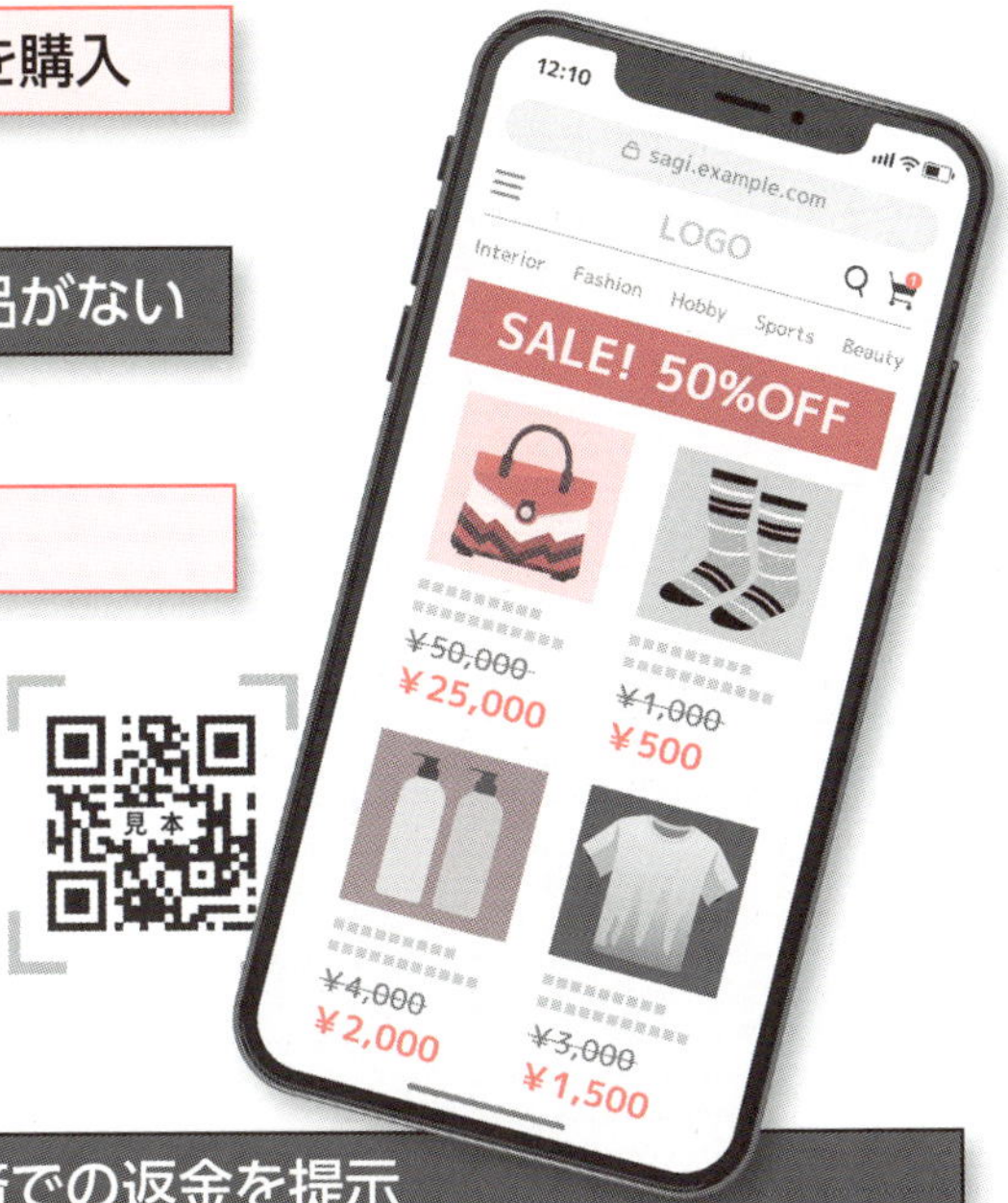

↓

通販サイト：コード決済での返金を提示

↓

お客：QRコードが送られてきて、それを開くと金額が入った支払いのボタンが……

↓

通販サイト：ボタンを押すことを強要

↓

お客：ボタンを押す。お金を奪われる！

対策

- 商品を買うのは大手の通販サイトか信じられる通販サイトから
- 安すぎる商品には手を出さない
- コード決済の返金は拒否

国際電話詐欺

電話に出るだけで料金発生 折り返ししたら、さらに発生

電話の着信の相手番号が＋1や＋44などの国際番号になっていることがあります。**身に覚えがなければ、それは国際電話詐欺かもしれません。**

国際電話を使った詐欺は大きく3つあります。架空料金請求詐欺とサポート詐欺、そして国際ワン切り詐欺です。架空料金請求詐欺とサポート詐欺は、本書の他の項目で解説していますが、使われる電話が国際電話であることが多くなっています。

ここでは、もう一つの詐欺、ワン切りと折り返しをさせる詐欺を解説します。**国際電話の場合、着信を受けるだけで料金が発生します。折り返しをすれば、もっと料金が発生します。**

詐欺グループは外国の通信会社とグルとなって、発生した料金のうち何割かのキックバックを受けるのです。一回の通話料は大した額にはなりませんが、それでも、何万件もかければ大きな額になります。そのため、ＡＩなどを使って自動的にアトランダムに電話をかけさせます。手あたり次第電話をするわけです。なおかつ、電話に出たら自動音声を流し、それを聞かせることで通話時間を延ばし、通話料金をより多く発生させようとします。

対策は身の覚えのない国際電話には出ないこと。不安であれば、国際電話を受け付けないよう電話を設定できるサービスもあるので利用しましょう。

国際ワン切り詐欺の仕組み

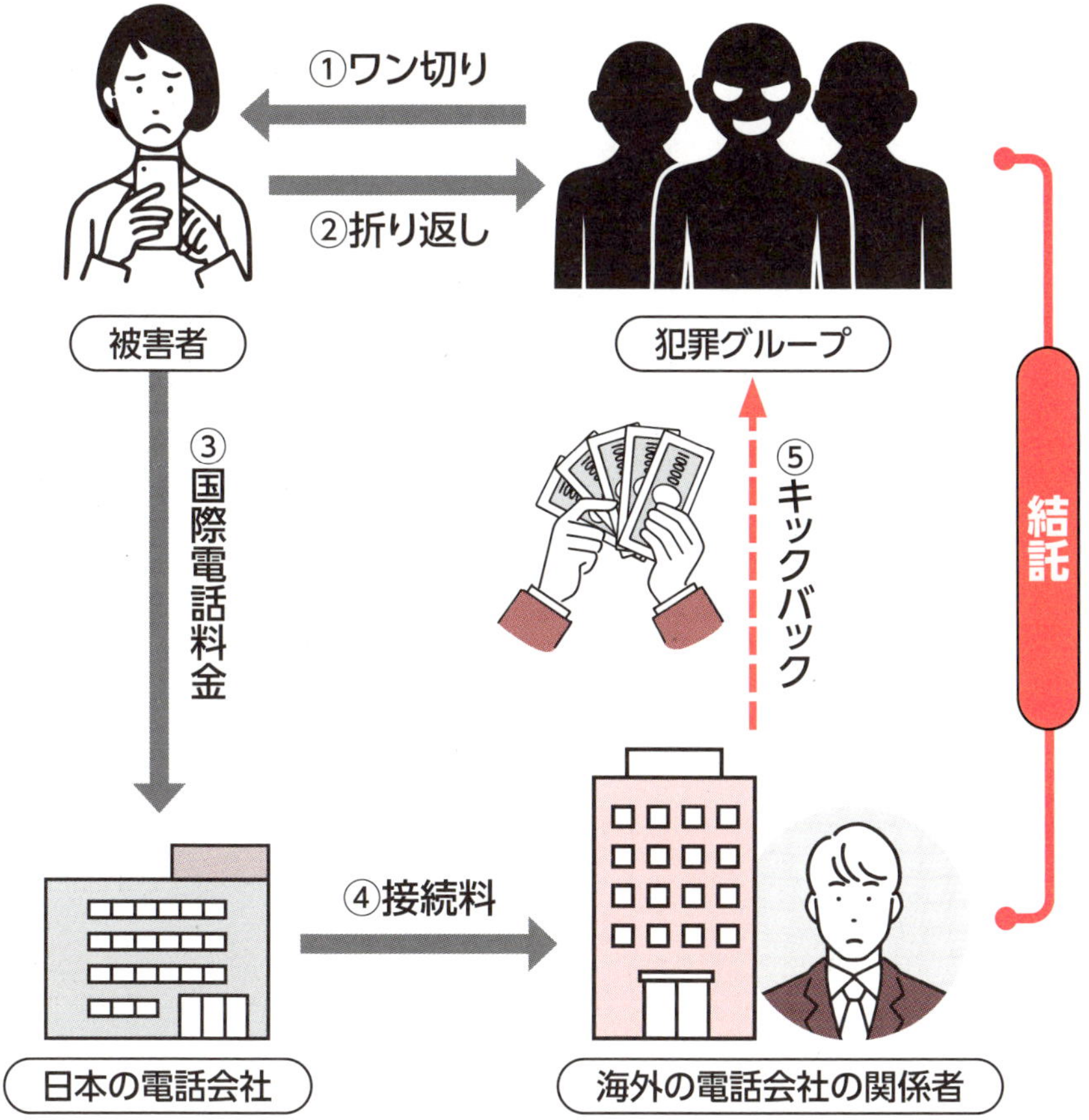

対策
- +○○などの国際電話に出ないこと
- 国際電話を使わないのなら、国際電話を止めるサービスを使う

国際電話を止めるサービス（無償）の連絡先
（ただし、固定電話、ひかり電話が対象）

国際電話不取扱受付センター

電　　話　**0120－210－364**（通話料無料）

取扱時間　平日午前9時～午後5時　自動音声案内は24時間聞けます。

QRコード詐欺（クイッシング）

QRコードを読み取らせて金融情報を入手

最近はお店でQRコードを使って注文するのが一般的になってきました。注文はQRコードを読み取り、そこからお店のサイトに入って行います。

さらに、さまざまなポスターやチラシにQRコードが載っていて詳細な情報はそこから得てくださいとなっています。QRコードはスマホで読み取るだけだから、とても簡単で便利です。だからこそ詐欺グループはこれに目をつけています。

ニセのQRコードを作成しそれを読み取らせてフィッシングサイトに誘導したりマルウェア（ウイルスソフト）をダウンロードさせたりします。

大安売りの広告や人気のアーティストを名乗ったポスターに、それらのニセQRコードを貼り付けて、それとは知らずに情報を読み取ったユーザーが、**フィッシングサイトで個人情報や金融情報を入力してしまうのです。**あるいはニセの商品やチケットを買わせたりします。マルウェアであれば、**QRコードを読み取った瞬間にそのソフトがインストールされ、スマホ内のデータを盗みます。**

こんな事件もありました。高級ショップで商品を買い、QRコードを読み取って支払いの手続きをしたら、**そのQRコードが載っていたシートがすり替えられていたのです。**支払いは当然、詐欺グループに取られてしまいました。

QRコード詐欺の手口

QRコードを読み取る
(非常に精巧に出来ていて
偽物と本物の区分けはつかない)

↓

フィッシングサイト	不正サイト	マルウェア
↓	↓	↓
個人情報や金融情報を入力させる	ニセの商品やチケットを買わせる	スマホ内のデータが盗まれる

対策

- 公共の場でのQRコードは読み取らない
- 広告など、知らないところからメールで送られてきたQRコードは読み取らない
- 支払いでQRコードを読み取る場合は、お店に安全かどうか確認
- スマホにマルウェアに対抗するセキュリティソフトを導入

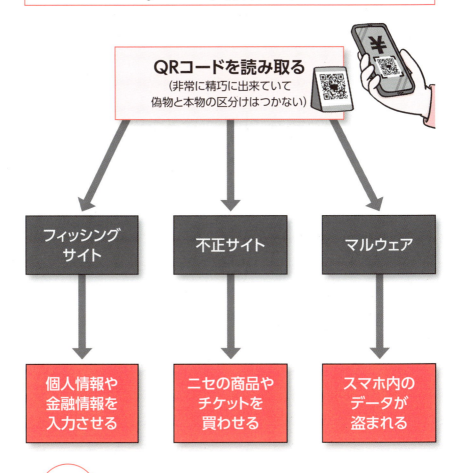

サポート詐欺

「トロイの木馬に感染しています」で、サポート費用を奪われる

こんなことが突然起きます。自宅のパソコンでインターネットを使用していると、パソコンの画面が固まって動かなくなったのです。

すると画面には、緊急連絡先の電話番号が表示されます。画面が固まって途方にくれたパソコンユーザーは、助けを求めて緊急連絡先に電話をしてしまいます。そこで、電話先の担当者から、**「トロイの木馬というウイルスに感染しています。削除するためにはサポート費用を払ってもらう必要があります」と告げられるのです。**

そして、「サポート費用は、コンビニエンスストアで電子マネーを購入し、そのシリアルナンバーを教えてくだされば大丈夫です」と言われます。**それを信じたユーザーはコンビニで電子マネーを買ってシリアルナンバーを伝えてしまうのです。**

これは実際にあった話です。サポート詐欺と呼ばれます。ユーザーは郡山市内に住む60代の男性。サポート費用として１３０万円を支払ってしまいました。

サポート詐欺は、インターネットを見ているときおきます。そして、画面を固まらせる以外にも、警告音を鳴らす、突然、画面に警告文書がでるなどします。そして、ウイルス対策として電子マネーやクレジットで支払いをさせるのです。

サポート詐欺の手口

突然、インターネットを見ていると

・パソコンなどの画面が固まる
・警告音が鳴る
・画面に警告文書が出る

画面に出た電話番号に電話

サポート費用を請求される。あるいはセキュリティーソフト（本当は遠隔操作ソフト）を導入するよう言われる

指示に従って、電子マネーやクレジットで費用を払ってしまう。

ソフトを導入すると勝手にパソコンを操作されてアカウントをとられて、不正送金などを被害にあう。

対策

○画面を閉じる

警告画面が表示された場合は、ブラウザを終了する。ブラウザを終了できない場合は、ブラウザを強制的に閉じるかパソコンを再起動する。

●ブラウザ（偽のセキュリティ警告画面）の終了方法

【終了方法①】

キーボード左上の「ESC」キーを長押しし、ブラウザの「×」をクリックして画面を閉じる。


【終了方法②】

「Ctrl」＋「Alt」＋「Delete」を同時に押し、タスクマネージャを起動し、利用しているブラウザを選択して、右クリック→「タスクの終了」を選択する。

警告画面を閉じる方法が分からない場合は、IPA（独立行政法人情報処理推進機構）のセキュリティセンター安心相談窓口に問い合わせができます。
電話：03-5978-7509（受付時間：10:00～12:00、13:30～17:00（土日祝日・年末年始は除く）。

○警告表示画面の指示に従わない

警告画面に表示される電話番号に電話をしない。

警告画面で指示されるアプリやソフトウェア等をダウンロード・インストールしない。

インストールしてしまった場合は、ネットワークから切断してウイルスチェックを行い、インストールしたアプリ等をアンインストールする。可能であれば初期化を行い、パスワードを変更。

払ってしまったら

○クレジットカード会社等に連絡

クレジットカードでサポート費用を支払ってしまった場合は、クレジットカード会社に連絡して、支払いの停止を依頼。また、電子マネーで支払ってしまった場合は、電子マネーの管理会社へ被害連絡し、決済手続の停止を依頼するとともに、救済措置について相談。

○偽のセキュリティ警告画面等を保存

偽のセキュリティ警告画面やインストールしたソフトウェアが分かる資料のほか、支払ったクレジットカードの履歴や購入した電子マネーのカードも保存。

○警察に通報・相談する

サポート詐欺の被害に遭った場合は、偽のセキュリティ警告画面やインストールしたソフトウェアが分かる資料等を持参して、最寄りの警察署に通報・相談。

警察庁「サイバー警察局」のホームページより作成

Column 2

進化するAIで騙す手口が向上する

詐欺のプロたちは人工知能のプロ

AIは詐欺のさまざまな局面で使われています。SNS型投資詐欺で使われる有名人の顔や写真、さらに声や動画まで、AIであれば、すぐに作ることができます。

現在のフェイク動画や画像、音声は非常に巧妙にできています。AIに慣れていない人には、本物かフェイクか区別ができません。

だから、有名人が勧めているからといって信じてはいけないのです。

さらに、偽装サイトなどでの相談チャットの相手にもAIが使われています。これは、みなさんもショッピングサイトや家電の問い合わせでも経験していると思いますが、相談チャットの最初の相手はAIです。初期の頃から相談チャットを使っている人は気がついていると思いますが、初期の頃のAIの受け答えは非常に稚拙で、早く本当の人間に代わってほしいと思うことが多くありました。しかし、現在は、かなり改善してきていて、AIとは思えなくなっています。

それはなぜでしょうか。AIは学習するからです。さまざまな失敗例、成功例から、質問に対する一番いい受け答えを探し出すことができます。

ということは、**詐欺のAIもますます進化しているということです。どうすれば騙せるか。どうすれば電話が切られないか。どのように言えばいいか。膨大な詐欺の実例から学ぶのです。**

だからこそ、私たちは、少しでも怪しいと感じたら、信用しないことが大切なのです。

第3章

ここまで知りたい詐欺の手口

第2章は急増している詐欺の手口を解説してきました。
3章ではより詳細に細かな詐欺の手口を解説します。
ここまで知れば、かなり詐欺は防げます。

新紙幣詐欺

「旧紙幣は使えません」は、ウソです！

これは、分かりやすく対処しやすい詐欺です。でも、知らないと騙されてしまいます。

詐欺グループはタンス預金を狙ってきます。2024年7月4日時点で、東京都内では、すでに80代と90代の4人が1500万円の被害に遭っています。

銀行員を名乗って、「新紙幣が発行されたので、旧紙幣は使えなくなります。交換します」とタンス預金の旧紙幣を出させ、持っていってしまうのです。

これは明らかに詐欺です。20年ぶりの新紙幣なので、当時のことを忘れてしまっている人が多いでしょうが、旧紙幣は使えます。

こういう手口も考えられます。銀行員や金融庁の役人を名乗って、

「旧紙幣はいずれ使えなくなります。いまのうちに交換しておきましょう」

と、自宅まで出向いてきて新紙幣と交換してくれます。一安心と思いきや、その新紙幣がニセ札ということもあるのです。

旧紙幣が使えなくなることはありません。

「旧紙幣が使えなくなる」と言ってきたら、確実に詐欺です。

警察に通報しましょう。

新紙幣で予想されるトラブル

（消費者庁より）

「旧紙幣は使えない」、「新紙幣と交換する」などと言って、紙幣を騙し取ろうとする事例の発生が予想されますので、ご注意ください。

「旧紙幣が使えなくなるから」と言われ、交換を求められた。

「その新紙幣は偽札だ」と言われ、交換を求められた。

金融機関の職員を装った者から「新紙幣と交換する」と言われた。

消費者へのアドバイス

○新紙幣発行後も、現在の紙幣は使えます。

金融機関や行政機関が新紙幣について交換を求めることはありません。第三者に渡さないでください。

新紙幣に関する不審な電話やメール、訪問があった場合は、警察に相談しましょう。

不審に思ったら、すぐに消費生活センター等に相談しましょう。

消費者ホットライン「188（いやや!）」番

最寄りの市町村や都道府県の消費生活センター等をご案内する全国共通の3桁の電話番号です。

警察相談専用電話「#9110」

最寄りの警察の相談窓口につながる全国共通の電話番号です。

副業詐欺

副業サイトで騙されて投資失敗の責任を取らされた

副業詐欺はさまざまなパターンがあります。特に増えているのが副業サイトからの求人を見て応募し、詐欺に遭うケースです。

典型的なのは副業サイトから求人に応募すると、入会金や保証金が必要とか、副業をするには教材を買って勉強する必要があるとか、お金を請求してくるケースです。

他にも、相談サイトのアドバイザーを募集している副業サイトに応募すると、そこはマッチングサイトで、メッセージのやり取りに費用がかかったり、連絡先の交換に上位のレベルの会員になる必要があって、高い登録料がかかったりします。

以下のような非常に巧妙な手口もありました。

女性で、子どももいる会社員のBさんは隙間時間を使ってできる副業をスマホで調べていました。すると、**簡単ですぐお金になる副業を見つけました。**内容はあるサイトを見てスクショをして送るだけ。一回の報酬は300円ほど。Bさんはサイトの閲覧数をあげる仕事だと勝手に解釈しました。

すると、副業サイト側から、仕事を続けるには違うサイトに変える必要があるとされ、そこでも同じような仕事で4000円の報酬を得ることができました。さらに、より高額報酬が得られる仕事があると、**数人のグループからなる仮想通貨の**

取引をするサイトに案内されます。

　このときにはBさんはその副業サイトを信じきっていました。その仮想取引のサイトで、サイト側から指示される通りに取引の仕事をします。

　取引に当たっては、最初は数千円から1、2万円の出資が求められました。大きな額ではありませんでしたが、その出資をして指示通り取引をすると、リターンがあったのです。

　あるとき、指示通りの取引をしているつもりでしたが、**何らかのミスがあったようで（本当は嘘です）**、取引に失敗します。他のメンバーもそれで損失を出してしまったのです。**その損失が45万円。結局、Bさんはそれを負担することにしました。**さらに、その負担の支払いが遅れたことでペナルティーを科せられ51万円請求されます。

　ここでやっと、Bさんは夫に相談し、詐欺に気がついたのです。投資に誘導され騙されたのです。

対策

- 仕事の費用を出させる副業は詐欺
- ワケの分からない仕事はしない
- 仕事を始める前に会社名と担当者名を検索して存在を確かめる
- 口コミサイトを確認してみる
- あまりに収入の良くて簡単な仕事は危ない

副業詐欺の例

高収入が稼げる

➡そのために高額な情報商材を買わされる

資格を取れば稼げる

➡そのために資格教材を買わされる

すぐ簡単に稼げる

➡登録料や仕事のマニュアルを買わされる

ネットショップで儲ける

➡ネットサイトの制作費や会員登録代をとられる

副業サイトから投資サイトへ

➡投資話を持ち掛けて、高額の請求をする

イベント
詐欺

混雑必至の花火大会などの存在しない席を売る

日本ではさまざまなイベントが開かれています。アイドルやK－POP、スポーツや博覧会など、目白押しです。そして、**このイベント周辺では、さまざまな詐欺が横行しています。**

よく知られているのがチケット詐欺。売り切れた人気イベントチケットを会場周辺やサイトで、かなりの高値で売る、**いわゆるダフ屋。**高値でも本当のチケットならまだしも、ニセチケットということもあります。

また、人気イベントのチケットに当選しましたとメールや電話でアトランダムに送り、それに**興味を持った人にチケット代金を振り込ませて、そのまま、なしのつぶてにする詐欺。**この詐欺は、オリンピックや博覧会など大きなイベントの時には頻発します。他にも、**混雑必至の花火大会などでは、存在しない席をサイトで売る輩も登場します。**これらは、すべて、正式な（公式な）チケット販売サイトで購入すれば防げます。

さらには、有名タレントやアーティストの名前を人寄せパンダし、チケットを売り、実際は出演しないイベント詐欺もあります。これなどは、有名タレントやアーティストの公式サイトでイベントスケジュールをチェックして騙されないようにしましょう。

イベント詐欺

チケット詐欺

●ダフ屋

高値でもチケットが本物であればまだしもニセチケットも多い

●当選しました詐欺

人気チケットが当選したとメールなどで連絡して、ニセチケットを買わせる

●存在しない席を売る詐欺

人気イベントで、存在しない席を売る

対策 イベントの公式サイトでチェックする。公式の販売サイトで購入する

●有名人を利用する詐欺

参加しない有名人を利用してチケットを売る

対策 有名人の公式サイトでスケジュールや出演を確認

イベントの出店者への詐欺もある

●実施しないイベントの出店費用を騙し取る

一つのブースを複数に売る、会場に行くと自分のブースがない

対策 イベント主催者の口コミサイトで評価を確認。ただし、ヤラセもあるので（主催者を持ち上げる）注意

少額クレジットカード詐欺

見過ごしてしまう数百円、数千円の被害

いまやキャッシュレス社会。クレジットカードの支払い料金が月々十万円を超える人も多いと思います。そのとき、**使った事のない支払いが、数千円入っていても気がつかないことがあります。それが少額クレジットカード詐欺。**

通常は、クレジットカードを使った時、詐欺グループと手を組んだお店や店員がカードをスキミングしてクレジット情報を盗み出し、それをもとに支払い請求を起こしてお金を奪います。しかし、現在は、カードを使っていないにもかかわらず、身の覚えのない請求がくることがあります。

それがクレジットマスターと呼ばれるもの。方法は、クレジットカード番号の規則性からカード番号を割り出し、その番号を「有効期限」「セキュリティーコード」と組み合わせて、「名義」入力が不要なショッピングサイトなどで、**総当たりにテストをして、実在する番号を割り出します。**

昔からある手口ですが、いままでは手作業だったため、そう簡単にはいきませんでした。しかし、いまは、自動作業プログラムが発達しているので、勝手にパソコンがやってくれます。

そのため以前は、手作業の費用を取り返すため、高額の支払請求をしていましたが、今では自動でできるため少額でも巨額を手に入れられるのです。

使ってないカードでも使用できる クレジットマスターの仕組み

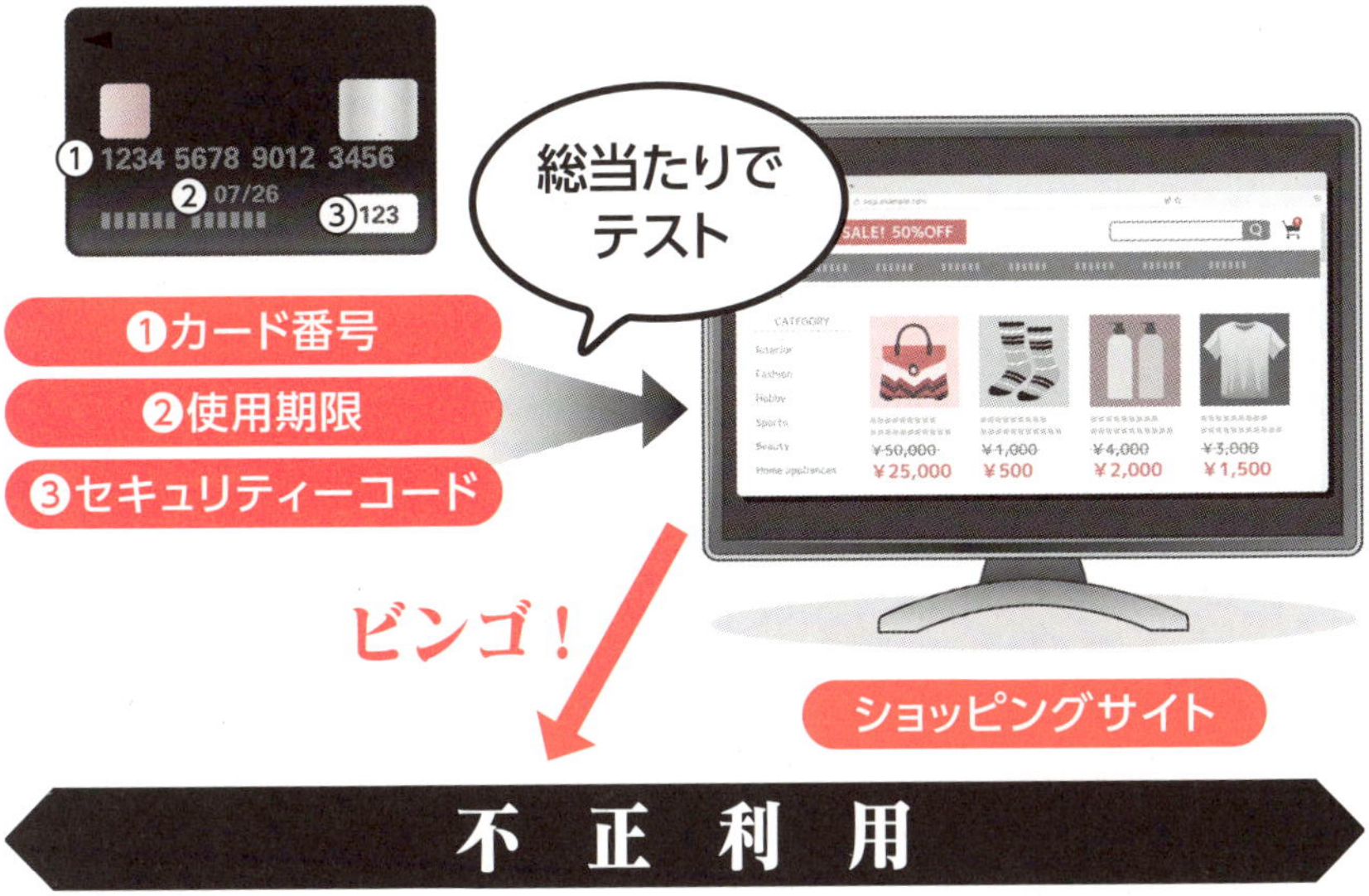

対策

- **クレジットカードを使ったら控えをもらうこと**
- **クレジットカードの請求が来たら明細を控えと突き合わせて確認**（現在は、紙の請求書はほとんど有料です。ネットからダウンロードするのが普通。そのため確認がおろそかになりがちです。カード会社から支払いが確定したら、スマホなどに通知がくるよう設定しておきましょう）
- **身に覚えのない請求があったら、すぐにクレジット会社に連絡して、引き落としをストップしてもらいましょう。そして、カードの使用を止めます**（通常はカード使用から60日以内であれば、不正な支払いは止めることが出来ます。支払い通知が来て、すぐであれば対応できます）
- **なお、カードをたくさん持ちすぎると管理が大変になるので、なるべくカード枚数は必要最小限にしたほうがいいでしょう**

ワンクリック詐欺

クリックしたら「登録完了10万円」の文字が

スマホを使い始めた時は誰でも遭遇するワンクリック詐欺。「無料で映像見放題」と書かれたWebサイトのURLをクリックすると、**突然「登録完了。3日以内に登録料10万円をお支払いください」という表示がされて、驚くことがあります。**

他にも、無料音楽サイトやH系サイトのコンテンツをダウンロードしようとしてクリックすると、「年齢確認」の表示が出て、18歳以上のボタンをタップすると、突然「入会完了。入会料2万5千円」とか表示されることもあります。

また、H系やアニメ系、アイドル系のアプリをダウンロードして、アプリを起動すると、突然高額の料金を請求されることがあります。

これらはすべて詐欺です。**正式な契約が交わされていないので無視してください。**請求画面に自分のスマホのIPアドレスやプロバイダ情報が表示されても、個人情報は漏れていません。

しかし、「戻す」をおしても、**表示が消えない場合でも「閲覧履歴」（キャッシュ）が残っているだけなので、それを消せば大丈夫です。**消し方は次ページを見てください。もし、表示されている電話番号やメールにアクセスしてしまった場合も、対処法を次ページに掲載しますので、パニックにならないで対応しましょう。

ワンクリック詐欺の簡単な対処法

クリックすると

↓

「登録完了。3日以内に登録料10万円をお支払いください」「入会完了。入会料2万5千円」等の表示

↓

「閲覧履歴」（キャッシュ）に履歴が残る

キャッシュの消し方

○パソコン（Windows）の場合

1.「コントロールパネル」→「インターネットオプション」をクリック
2.「インターネットのプロパティ」の画面下部にある「閲覧の履歴」の「削除」をクリック

○スマートフォン（iOS）の場合

1.「設定」→「Safari」をタップ
2.「履歴とWebサイトデータを消去」→「履歴とデータを消去」を選択

○スマートフォン（Android）の場合

1.「設定」→「アプリ」へと進み「Chrome」を選択
2.「ストレージ」→「キャッシュを消去」をタップ

↓

表示された連絡先に連絡してしまった

↓

請求メール、電話が……

メールアドレス変更や番号非通知の着信ブロック、不審な電話番号からの着信は無視する

↓

状況悪化

「消費生活センター・国民生活センター」「都道府県警察サイバー犯罪窓口」「法テラス」へ相談

融資保証金詐欺

無担保、低利子で融資可能のハガキやSMSが届いた！

「無担保、低金利、保証人不要で融資可能」などと書かれたハガキやショートメッセージが突然届きます。そして、そこには大手貸金業者のロゴが記載されています。**融資が必要だと連絡すると、保証金が必要だと言われます。**５００万円の融資であれば、１割の保証金をまず入金してくれと言われ、50万円を指定の口座に入金すると、あとはなしのつぶて、連絡が取れなくなってしまうのです。これが融資保証金詐欺です。

被害者は大手貸金業者の名前を出されて信用してしまい、さらに「無担保、低金利、保証人不要」という好条件に惹かれて融資を申し込んでしまうのです。**詐欺グループは、ハガキやショートメールの他にFAXを使ったり、雑誌広告、折込チラシなどを利用したりして宣伝します。**

被害者からの送金方法も、足がつかないように、日本郵便のレターパックで現金を送付させる手口も使います。そして、最近は地震や水害の被災地で災害に遭った人たちにそのようなメールを送ったりしています。かなり許せない奴らです。

金融業者が融資をするにあたって、保証金や手数料を求めることは絶対にありません。それは詐欺です。不安であれば、融資元の電話番号をインターネットや電話帳で確認してみましょう。

融資保証金詐欺の手口

【始まり】

「無担保、低金利、保証人不要で融資可能」や「今キャンペーンで年2%の利率で300万円までお貸しできます」などと書かれたハガキやショートメール、電子メール、FAXが届いたり、雑誌広告、折込チラシなどの宣伝がされる。

【被害者】

それにつられて融資を申し込む電話をすると

【詐欺グループ】

「50万円融資します。但し、返済状況を確認するために1万円お貸ししますので、3万円振り込んでください」
「まずは、30万円担保として振り込んでください」
「保証協会に委託するために、保証料50万円が必要なので振り込んでください」
「信用の度合いをみたいので10万円振り込んでください」
「融資はするが、貴方の信用がありません。信用を作るために、別の消費者金融で限度額一杯まで借りてください。その借りたお金はレターパックで郵送してください」
などと、すぐに現金の振り込みや送付を要求してくる。

【被害者】

お金を振り込んだり、レターパックで送ったりする。

詐欺グループと連絡不通になる。

要注意ポイント

融資を受けられるなら…と振り込んだ後も、様々な名目でお金を要求してくる。中には、地震や災害などの影響で経営に支障を来している会社を救済するように装って、融資を持ちかけてくることもある。

知っておくべきこと

- 正規の貸金業者では「保証金」や「借入金データの抹消手続料」など、いかなる名目であっても融資を前提に現金の振り込みを要求することはない。
- あなたの知らない相手から届いたダイレクトメールやファックスは、それだけで注意が必要。

対策 融資を申し込む場合は、融資元をインターネット、電話帳や電話番号案内等で電話番号を調べて確認。

図の一部は警視庁「特殊詐欺対策ページ」より作成

金融商品詐欺

特徴的な名義貸し型詐欺と被害回復型詐欺

金融商品詐欺は投資詐欺のひとつで、SNS型投資詐欺はSNSを使って行われますが、この詐欺は電話を使って行われる特殊詐欺です。

見知らぬ業者から突然、電話があり、存在しない金融商品を売りつけ、お金を奪おうとします。売りつける商品は第1章のSNS型投資詐欺3で書かれているものと同じようなものです。SNS型投資詐欺と同様、金融商品詐欺は2023年に急増し、一気に10倍に増えています。

金融商品詐欺では、特徴的な詐欺に劇場型と名義貸し型、被害回復型があります。劇場型は数人の詐欺グループで騙すもの。SNS型投資詐欺4で紹介しています。

名義貸し型は株や社債の勧誘のために名義を貸してくれと頼まれ、名義を貸すと、のちに弁護士を名乗るものが出てきて、名義貸しは犯罪で内密に解決するから手数料が必要と、お金を奪おうとします。被害回復型は以前詐欺にあった当事者に対して、詐欺分を取り返すからと言って金銭を奪おうとするものです。

なお、金融商品詐欺は、電話をかけてくる前に豪華な金融商品のパンフレットを送ってくることもあります。信用させるための手口です。騙されてはいけません。

金融商品詐欺の特徴的な3つの手口

（日本証券業協会ホームページより引用）

劇場型

実在する証券会社を名乗った人物から「あなたのところに、A株式会社の社債に関する書類が届いていないか。書類が届いたら連絡が欲しい。当社が社債を購入した価格より高く買取りをする」との連絡があった。

数日後、実在する別の証券会社からも同じ内容の連絡があった。しばらくして、A株式会社から社債に関する書類が届いたので、証券会社に転売して利益を得ようと考え、A株式会社に社債2000万円の購入を申し込み、証券会社に購入代金を支払った。

数日後、証券会社から「購入代金に、ご主人のお金が含まれていたので、金融庁の監査が入る。一部、社債から株式に変えないとならない」との話があり、自宅を訪問してきた証券会社の社員に、5回に分けてさらに9000万円を手渡しで支払った。その後、A株式会社、証券会社とも、連絡不能となってしまった。

名義貸し型

実在する証券会社を名乗った人物から「あなたに、（有名大手飲料メーカー）B社の社債を購入する権利が当たっている。興味がないのであれば、その権利を譲ってほしい」と話しを受けたが、これを断った。

しかし、しばらくして、再びその証券会社から連絡があり「あなたの名義を借り、500万円でB社の社債を購入した。B社から連絡があったら、あなたが購入したことにして欲しい。お礼に商品券を送付する」との話があった。この要求には了承した。

その後、B社から連絡があり「あなたは、名義貸しという違法行為を行ったので、訴える。訴えられたくなければ、すぐに購入代金を振り込んでくれ」と言われたので、購入代金を振り込んでしまった。

被害回復型

以前、未公開株の詐欺に遭った被害者のもとに、C氏から「あなたの保有する未公開株の買取が実行されないままなので、返金をしたい。返金額は300万円である。手続きは、D社が行う」との話があった。後にD社から連絡があり「返金額をあなたに振込むことになっていたが、送金できない。送金するためにはD社へ保証金を支払う必要がある」との話があったので、保証金を振り込んだ。

しかし、返金は実行されず、今度は、返金対応を引き継いだとするE社から連絡があり「あなたの返金について、F銀行の本店審査部へ一任した。審査に手数料がかかる」との話があり、今度はE社へ手数料を振り込んだ。しばらくはE社と連絡を取り合っていたが、ある日突然連絡不能となってしまった。

被害に遭わないために

実在する証券会社の名前が出ても、本物かどうか確認する。日本証券業協会や金融庁のホームページに掲載されている正規の電話番号に電話をして、事実関係を確認!
未公開株を買取する業者はない!

ギャンブル詐欺

「馬券が当たる方法を教えます」年末に向けて増える詐欺

年末に向けて増えるのがギャンブル詐欺。競馬の大レースや年末ジャンボがあるからです。

詐欺の手口は、電話で「馬券が当たる方法を教えます」とか、「宝くじの当選番号を教えます」とか話し、教えるにはお金が必要だと言ってきます。

馬券が当たる方法で実際にあったケースは、競馬の騎手に八百長グループがあり、そこに数百万円で八百長をお願いすることが出来るというものです。その出資金が30万円。富山県に住む60代の男性はその金額を払ったそうです。

他にも、馬券購入グループがあり、そのグループに入れば、配当金が支払われるという詐欺もありました。埼玉に住む50代の女性は、試しに3万円払い3万2000円戻ってきたので、その後、1830万円もつぎ込んでしまったといいます。

「宝くじの当選番号を教えます」の詐欺では、電話に出た相手に、宝くじの当選番号を教え、「明日の新聞を見てください」と話して、翌日新聞を見ると、当たっていたので信じてしまいました。

これは、**宝くじの当選発表と新聞掲載にタイムラグがあるためで、誰でもわかることです。**他にも「パチンコ、パチスロの必勝法を教えます」、「競輪、競艇が当たる方法教えます」など、ありますが、すべて詐欺です。

ギャンブル詐欺のケース

（「宝くじの当選番号教えます」バージョン）

詐欺師：宝くじの当せん番号が事前に分かります。今から教えますので、嘘だと思うなら明日の新聞を確認してください

被害者：新聞を見たら本当に当選している…!

詐欺師：本当だったでしょう?　次は、2等が当たるので、その10%を供託金として事前に支払ってくれたらお教えします

要注意ポイント

当選番号を知っているのは、抽選から新聞等への掲載までの間の時間差があるから。お金を騙し取った後も、さらに犯人から情報料を請求されたり、嘘の情報を教えた上で、損失補填のためにお金を振り込んでほしいと要求されることもある。

知っておくべきこと

公営ギャンブルで必勝法はありません。なおかつ、事前にレースの着順や当選番号がわかることは絶対にありません。ギャンブル詐欺にひっかかるのは、〝もしかして〟そのような方法があるかもしれないと思ってしまう心です。

　警察庁「特殊詐欺対策ページ」より作成

交際斡旋詐欺

「異性を紹介します」で、会員登録料を奪い取る詐欺

交際斡旋詐欺は、雑誌やメールに記載された「女性紹介」の案内に申し込んできた人に対して、会員登録料や保証金等の名目で金銭を騙し取る手口です。この詐欺にはさまざまな手口があります。

典型的なパターンは、成人向け雑誌に女性を紹介するという小さな広告を載せ、それに申し込んできた男性に、登録料や紹介料の名目でお金を騙し取る手口です。十数万円の料金を払っても、まったく紹介されずに、気になった男性が申し込み先に連絡しても、不通になっていて連絡が取れないというケースです。逆に、女性を紹介してくれて一回のデートができても、それ以上のデートになると追加料金が発生する場合もあります。

他にも、芸能人がお忍びで登録していて、芸能人とデートができると匂わせるところや、SNSでのやり取りのなかで旅行に一緒に行こうと誘われて旅行代金を振り込ませるケースもあります。

一方、女性との出会いよりお金に執着する相手には、女性相手に男性を紹介するサービスを提供しているとして、**登録料を払えば、女性とデートできたらボーナスを払うという手口もあります。**

このような被害に遭わないためには、交際を斡旋する業者が本当にまともな業者か、確認することです。確認できなければ、やめるべきです。

交際斡旋詐欺のケース!

詐欺師：会員登録をすれば、素敵な女性（男性）を紹介します。登録料20万円を振り込んでください

被害者：女性との出会いが欲しいから、会員登録のお金を振り込もう。

詐欺師：先日お会いした女性があなたを気に入っています。相手を保留しておくため、保証金を支払ってもらえますか

被害者：嬉しいな。また会いたいし、払ったほうがいいよね…

要注意ポイント

紹介する異性と会えば相手からお金がもらえます、などと言って会員登録料を騙し取る手口もある

知っておくべきこと

- 「会うだけでお金がもらえる」はウソ!
- 「会うためにお金が必要」の場合は、徹底的に相手の素性を確認!

警察庁「特殊詐欺対策ページ」より作成

還付金詐欺2

「定額減税」で還付金！に騙された60代女性

詐欺は常に新しいテーマで人を騙します。還付金詐欺も同じです。松江市の60代女性は、「定額減税」で還付金があると持ちかけられました。

5月24日、女性の自宅に電話をかけてきたのは、松江税務署を名乗るものでした。その人物は「定額減税」の手続き書類が届いているか尋ね、「納税超過の還付があります」と告げ、女性にお金が戻ってくるといいます。そして、利用している金融機関を聞いて、還付金を支払う手続きに必要だと番号を告げ、メモするよう指示しました。

その後、金融機関を名乗る男性から電話があり、女性に金融機関のＡＴＭに行くよう指示します。公的機関の二つから連絡があり、女性はすっかり信じてしまいます。女性はそのままＡＴＭに行って、指示通りメモした番号を入力し、3回にわたって操作します。この操作は、お金が戻ってくるものではなく、相手に振り込む操作でした。女性はそれに気がつかず、約99万円を3回、合計約297万円を振り込んでしまったのです。

なおかつ、**連絡してきた男性は「申請手続きがブロックされるので、還付金が振り込まれるまで通帳やキャッシュカードを使わないよう」**に指示し、女性は指示通り待ちました。そして、週明け、お金が減っていることに気がついたのです。

還付金詐欺に使われるネタ

●高額医療費

福祉保健課などの職員と名乗るものが余分にかかった高額医療費の還付があると電話してくる

●確定申告

税務署の職員を名乗るものが、確定申告で余計に払った税金の還付が戻ってくると電話してくる

●年金

年金事務所のものが、特別年金が支払われると電話してくる

●保険料

保険課を名乗るものから健康保険の還付があると電話してくる

●過払い金

健康保険、介護保険、年金などの支払いに過払いがあったと電話してくる

他にも、定額減税のように政府の政策に乗っかった還付金詐欺がある

↓

還付金詐欺はATMの操作を指示するパターン以外に、振り込みに必要だとして、キャッシュカードや預金通帳と暗証番号を聞いてくるケースもある。

出版詐欺

高齢者の誇りを利用して夢を踏みにじる詐欺

こんな詐欺があります。これも電話を利用する点では特殊詐欺と言えるでしょう。**詐欺グループが目をつけるのは、俳句や短歌、書道などを新聞に投稿して、時々掲載される高齢者です。**詐欺グループは、その高齢者にこんな電話をかけます。

「新聞で、Fさんの俳句をいつも楽しみに読んでいます。私は本の関係の仕事をしているものですが、Fさんの俳句は、まとめて本にするべき価値があると思います。どうでしょうか、本を出版されてみませんか？　私の知っている出版社に声をかけてみます」

その話を聞いたFさんは、趣味でやっていた俳句を認めてもらって、二つ返事でOKを出してしまいます。それから、数日たって、その詐欺グループから電話があります。

「○○出版社（誰もが知っている出版社名）と話をしたのですが、先方も乗り気です。そこで、**出版の費用として300万円用意できないでしょうか。**なるべく早く発行したほうがいいので、1週間以内に○○口座に振り込んでもらえないでしょうか」

これを聞いたFさんは、自分の俳句が出版されると、嬉々として300万円を振り込んでしまうのです。もちろん、振り込んだ後、詐欺グループからとの連絡は取れなくなってしまいます。

出版詐欺

詐欺師：そちら様の俳句は素晴らしいです。ぜひ本にしませんか

被害者：ありがとうございます。本ができるのならありたいです

詐欺師：それでは、私の知っている出版社に当たってみます

被害者：お願いします

数日後

詐欺師：出版社から出しましょうという返事をもらいました。出版の発行に当たって300万円の費用がかかります。○○の口座へ振り込んでください

被害者：わかりました

が、実際は出版されず、300万円は詐欺グループに奪われてしまいます。

※事前に詐欺グループは、新聞社にかけて投稿した高齢者の電話番号を教えてもらいます。もちろん、個人情報保護法があるので、新聞社はすぐには教えません。「本人に教えていいか確認し、ＯＫがでれば教えます」と返事をしますが、出版の話なので、本人である投稿者は喜んで、電話番号を教えていいと返事をします。

騙されないために

発行元の出版社に直接確認しましょう。

マイナンバー制度便乗詐欺

今後、さらに起こる可能性がある便乗詐欺とは何か

政府によるマイナンバーカードの登録キャンペーンは終わりましたが、**2024年の12月からすべての保険証がなくなり、その代わりに保険証と紐づけたマイナンバーカードが使われるとされています。**また、2026年には新マイナンバーカードが発行される計画です。そうなると、**今後、マイナンバーカードに絡む詐欺がうごめき始めることが考えられます。**

そこで、これまで、マイナンバーカードをめぐる詐欺にどのようなものがあったか、警察庁の「特殊詐欺対策ページ」から見ていきましょう。

典型的なのは、市役所職員を名のる者などが訪れ、「市役所から来た」と話し、「マイナンバーカードにお金がかかる」などと言われ、カードの登録手数料名目にお金を騙し取られることです。

また、携帯電話に「あなたの個人情報が漏えいしている」、「個人情報を守るため、必ず手続を行ってください」、「マイナンバー情報が漏れると住民票の異動、銀行口座の開設などが簡単にされる」などと記載されたメールが届き、個人情報の削除費用などとして電子マネーを購入するよう指示され、その電子マネーの利用に必要な番号を送信させられて、騙し取られたケースがあります。

ほかの事例も次ページで詳しく紹介しましょう。

マイナンバー制度便乗詐欺

●騙された例

携帯電話に「アダルトサイトの未納料金がある」とのメールが届き、メールに記載された電話番号に電話をかけたところ「延滞料金や違約金が発生しており、このままでは裁判になる」、「来年から始まるマイナンバーに、この件が登録される」等と言われたことから、相手に言われるがままに電子マネーを購入して、電子マネーの利用に必要な番号を教えたり、指定された口座にお金を振り込んでしまい、騙し取られた。

男性1名が訪れ「郵便局です。マイナンバーの封筒をいただきに来ました」、等と言われ、マイナンバー通知カード在中の封筒２通を騙し取られた。

サラリーマン風の男が訪れ、「マイナンバーの封筒が来ていますか」、「手続には相当時間がかかるから代行します」、「代行の手数料としてお金が必要」と言われ、マイナンバー手続代行手数料の名目でお金を騙し取られた。

警察官を名のる男から電話があり、「マイナンバーの暗証番号が漏れている」、「口座の暗証番号も漏れている。一度、キャッシュカードや通帳を回収して確認する」等と言われ、その後被害者宅を訪れた男にキャッシュカードと通帳を騙し取られた。

●騙されそうになった例

役所の職員を名のる者から「あなたのマイナンバーが流出している」、「登録を抹消するには第三者から名義を貸してもらう必要がある」、などと電話があり、さらに別の者から「名義貸しは犯罪になって逮捕される」、などと言われ、解決するためのお金を要求された。
被害者がお金を引き出しに行ったところ、金融機関職員が不審に思い警察に通報したため、被害に遭わなかった。

不審な電話・メール・訪問

「マイナンバーのセキュリティにお金がかかります」という内容の電話があったが、不審に思って電話を切った。

「警察の者です」、「警察にマイナンバーを登録する必要がある」、「登録手続料としてお金が必要となります」などと警察官を名のる電話があり、お金を要求された。

「還付金があるから、マイナンバーを教えてほしい」と電話があった。

「【重要連絡】マイナンバー制度に関して、現在、あなたの個人情報漏えいが発見されています。速やかに下記URLよりログインしてください」という内容とともに、別サイトに誘導するアドレスが記載されたメールが届いた。

訪問してきた男が「市からマイナンバーの手続できた。通帳を見せてほしい」と言って相談者宅に上がり込み、相談者が差し出した通帳を確認した。さらに「印鑑を貸してほしい」と言い、相談者から受け取った印鑑を何らかの書類に押印して立ち去った。

Column 3

通帳、キャッシュカードの譲渡は犯罪です

5万円で買う犯罪グループ

警察庁の「特殊詐欺対策ページ」のお知らせのコーナーを見ると「通帳・キャッシュカードの譲渡は犯罪です」のお知らせがあります。

お知らせの対象は在留外国人です。そこには以下のように書かれています。

「帰国等の理由で預貯金口座を使用しなくなる場合は、金融機関で預貯金口座を解約する必要がありますが、中には、有償・無償を問わず口座の譲渡が犯罪であるとの認識が薄いまま、**自らが使用しなくなった口座を他人に譲渡し、こうした口座が特殊詐欺等の犯罪に利用されていることがうかがわれます」**

これは、このまま日本人にも当てはまります。

日本人も口座を他人に売ったり譲渡したりすれば犯罪です。特に、罪の意識がないまま口座を作り、それを売ってしまう日本人も多くいます。

実際、詐欺グループを検挙すると、大量の預金通帳やキャッシュカードが出てきます。それは、そのようなものたちから買ったものです。購入相場は5万円程。

詐欺グループは、足がつかないように一般人から口座を買って、そこに被害者からの送金をさせます。だから、口座がバレてしまっても、他の口座を使えばいいので、楽々逃げることができます。

しかし、一方、その口座は誰のものだったでしょうか。それは売った一般の人のもの。**売ったからといって、名義は変わらないので、捜査はその売った人にいきます。そして、罪に問われるのです。**

第 4 章

詐欺から身を守る7カ条

詐欺から身を守るには手口を知るのが一番。
しかし、すべての詐欺を把握するのは難しいし、
新しい詐欺はどんどん登場する。
そこで、ここではその場合でも詐欺から身を守るための
7カ条を解説しよう。

第一条

知らない番号の電話には出ない！

多くの特殊詐欺は電話からかかってきます。特にオレオレ詐欺は電話が始まり。

電話に出て話し始めると、相手は百戦錬磨の詐欺師だから、なかなか逃れることは難しいのです。そこで、身を守る第一条は「知らない電話には出ないこと」。**電話に出なければ、百戦錬磨の詐欺師でも、その技を発揮することはできません。**

スマホなどの携帯電話であれば、知らない電話番号はすぐに分かります。電話が鳴ったら、画面を見れば、相手の電話番号が表示されるので、その番号に見覚えがなければ、出なければいいのです。

ただし、電話番号を覚えるのは至難の業。それを避けるには、**知っている人はすべて登録しておくことです。**できれば名字と名前の両方入れましょう。最初の作業は大変ですが、一度登録すれば、あとは追加していくだけなので、ラクチンです。

そして、電話がなったら、画面を見て、名前が表示されたら出ればいいのです。さらに、数字が表示されて登録されてないけど気になる番号だったら、鳴り終わるのを待ちましょう。相手が連絡を取りたければ、留守番電話に録音します。

なお、固定電話も同じ対応で問題ありませんが、**固定電話には防犯機能の付いた防犯電話機があるので、それを導入する方法もあります。**

詐欺から身を守る方法1

知っている人や所の電話番号は登録！

電話の画面に名前が出なければ、出ない

第二条

テレビのニュースは怖がらずに見よう！

特殊詐欺の進化はとどまるところを知りません。私たちが想像しないような詐欺のシステムができているかもしれません。やはり詐欺から身を守るには、最新詐欺の手口を知ることです。

そのための方法が、テレビのニュースを見ることです。**ＮＨＫでは、各地方の放送局で、その地域で起きた詐欺の最新事例を紹介しています。**詐欺は地域ごとに特性が出ることが多いので、その報道番組を見るだけでも詐欺に対する免疫がつきます。

さらに、**夕方や朝のニュース番組やニュースバラエティでも、その時々に話題になっている詐欺の報道があります。**流し見でもいいので、誰が誰に、どのような詐欺をしたのかだけでも把握しましょう。それだけでも、詐欺の被害者になる確率は低くなります。

確かに、いまのテレビ番組は、決して褒められたものではありません。見たいと思うような番組がないのも事実です。テレビから距離を置きたいという気持ちもわかります。さらに、詐欺のニュースは見ているとささくれ立って、気持ちが沈みがちになります。怖い気持ちにもなります。

しかし、そこは耐えましょう。そして、真の知識を身につけましょう。

詐欺から身を守る方法2

怖いからと言って
避けるのはやめよう！

ワイドショーでも
特殊詐欺の
最新情報を特集している

ニュースバラエティ、ニュース番組から
最新の詐欺事例を把握しよう

第三条

本当に存在しているか情報元の裏をとろう

投資の話をされたとしましょう。その場合、なんとなく、つじつまが合っているなとか、話しぶりが丁寧だなとか、そんなことで、投資を決める人はほとんどいないと思います。

やはり、本当に儲かるのかな、というところに注目すると思います。しかし、より根本的なところをチェックしているでしょうか。

それは、**話している人が本物かどうか、投資先が本当に存在するかどうか、が一番の根本です。**どんな素晴らしい投資の話をされても、それ自体が存在しなければ、絵に描いた餅です。

特殊詐欺のSNS型投資詐欺も、融資保証金詐欺も、交際斡旋詐欺も、架空料金請求詐欺も、すべて存在しないものを売っているのです。存在しない投資、融資、交際、料金を売っているのです。

だから、根本を確認しましょう。それって本当に存在するの？　ということです。**相手が売ろうとしている商品が本当に存在しているのか、です。そして売ろうとしている人が、本物なのかです。**

有名人を使って宣伝しているのなら、有名人は本物なの？　ということです。そして、ここが大切です。それが確認できなければ、信じないという事です。確認できないのはないからです。推定無罪ではなく、常に推定有罪です。

詐欺から身を守る方法3

本物かどうか、本当に存在しているかどうか、確認できなければ、信じてはいけない

第四条

お金の話は性善説ではなく性悪説で対応する

すべての人間関係を性悪説で考えると人間関係がギスギスしてしまいます。そこまではする必要はないでしょう。

しかし、お金にまつわる話は違います。すべて性悪説で考えるべきです。

私の男性の友人には、居酒屋に行っても、レストランに行っても、必ず、店員は計算を間違えるものだと考えている人がいます。暗算能力が高く、私が支払おうとすると、500円多く請求されているよと指摘してくれます。

店員はわざと間違えているのではないでしょうが、彼は「人は間違うこと」があるから、常に計算していると言っています。

彼は性悪説で考えているから、間違いを見つけられます。

詐欺も同じです。**お金の話は、誰でも嘘をつく、あるいはもっと儲けようとすると考えていれば、相手の思惑が見えてきます。**

信じてしまうと、騙されます。オレオレ詐欺も、相手を息子や娘だと思って信じてしまうから騙されるのです。SNS型ロマンス詐欺も、相手を好きになって信じてしまうから、騙されるのです。

お金の話は、すべて性悪説で考える。これが騙されない方法です。

詐欺から身を守る方法4

人は間違える！　人は嘘をつく！

性悪説で対応すれば失敗は少ない

第五条

お金の話がでたら、それは詐欺だと思う

商売の話をしていたり、投資の話をしていたりして、お金の話が出たら、それが詐欺だというつもりはありません。商売や投資の話にお金は付き物だからです。

しかし、**お金の話と関係ないことや、お金とは関係ない間柄のときに、お金の話が出てきたら、それはおかしいと直感が働くようにならないといけません。**詐欺かもしれないと、頭の片隅にしっかりと警戒のランプを光らせるべきです。

息子や娘から電話があって、お金の話になるのは不自然です。デートをしようというときに、お金の話になるのもおかしいいし、付き合おうという相手から投資の話が出たらもっと不自然です。

本来、もっと話さなければならないことがあるのに、なぜ、お金の話になるのでしょうか？　もしかすると詐欺ではないかもしれません。しかし、やはり不自然です。

詐欺ではないかもしれませんが、お金で苦労しているかもしれませんし、あなたのお金に頼ろうとしているかもしれません。危険信号を目いっぱい鳴らすべきです。

詐欺から身を守る方法4で書いたように、お金の話は常に性悪説で考えるべきです。それが、その人との関係性を正常に保ちます。

詐欺から身を守る方法5

**お金と関係ない間柄の時に
お金の話が出たら、危険信号**

第六条

人によって騙される詐欺は違う自分を過信しないこと！

まえがきでも書いたことです。詐欺の種類は非常に多岐にわたります。また、人間の種類も多岐にわたります。そのため、ある人にとっては簡単にひっかかってしまう詐欺でも、ある人にとっては、まったく効果がないという事は普通にあります。**逆に言えば、詐欺に引っかからないと思っていても、引っかかってしまうことはあり得るのです。**

子どもたちに課金サイトや不正アプリに引っかかってしまうことがあるからと常に注意を促していた母親が、副業詐欺に引っかかって数十万円も騙し取られるというケースがテレビで放映されていました。その母親は、「自分がひっかかるなんて信じられない」と話していました。

自分は詐欺に遭わないと過信しないことです。**詐欺グループは組織的に人を騙そうとしています。**オレオレ詐欺のリーダーは、新しく詐欺グループに入ってきた者にこう説明するそうです。

「俺たちは、お年寄りから金をとっているんじゃない。彼らがタンスに眠らせている死金を世に還元しているだけだ。世のため、人のためなんだ」

とんでもない屁理屈ですが、**罪の意識もかけらもない連中が虎視眈々と私たちの財産を狙っているのです。**4章で紹介した第一条から第五条までをしっかり守って、自らの財産を守ってください。

詐欺から身を守る方法6

架空請求詐欺が駄目なら
預貯金詐欺がある

オレオレ詐欺が駄目なら
還付金詐欺がある

ワンクリック詐欺が
駄目なら
SNS型投資詐欺がある

あなたの財産を虎視眈々と狙っている
詐欺グループが存在しています！

第七条

詐欺にやられたと思ったら警察に届けよう！

詐欺かなと思ったら、警察に相談しましょう。警察の相談窓口の電話番号は「＃９１１０」です。相談窓口なので「１１０」に通報するより、気軽に連絡できます。

警察に相談すれば、詐欺かどうかわかる場合が多いです。警察には詐欺データが豊富に蓄積されていますので、個人の判断より正確です。

また、本当に詐欺だった場合は、それが次の詐欺被害を生まないためのデータになりますし、犯人逮捕につながる情報になります。

それが、詐欺被害の初期であれば、それ以上の詐欺被害に巻き込まれなくて済みます。詐欺グループはとれる者からはとことん奪います。しかし、**警察が動き出せば、詐欺グループも慎重になります。**ただし、警察の方から詐欺に遭っている人を見つけて、啓発してくれることはありません。だからこそ、自ら警察に行って情報を共有する必要があるのです。

また、**振り込み詐欺の場合、すぐに警察と金融機関に届ければ、被害を減らせる場合もあります。それが、「振り込み詐欺救済法」です。**振り込んだ先の口座を凍結することができます。犯人がお金を引き出す前に止められれば、お金は戻ってきます。しかし、届けなければ損失のままです。

詐欺から身を守る方法7

詐欺情報が豊富に

「振り込み詐欺救済法」で
振り込んだ
相手の口座を凍結！
※金融機関にも要連絡

詐欺にあったと思ったら
「♯9110」

+α条

家族に相談！家族で詐欺から身を守る

詐欺にはさまざまな種類があります。人によって、騙されやすい詐欺は違います。だからこそ、**不審な電話やメール、見覚えのない請求や、よくわからない還付金など、お金の話が出たら、身近な家族に相談しましょう。**警察でも、家族に相談することを提唱しています。

家族は、あなたとは違うので、あなたが騙される詐欺でも騙されないかもしれません。また、第三者の目で状況を判断するので、詐欺師からのアプローチで動揺してしまっているあなたの気持ちを、冷静な判断ができるよう和らげてくれます。

この本の中で紹介した、キャッシュカード詐欺盗の事例では、娘に相談して詐欺だと気がついています。返金詐欺の事例も電話を横で聞いていた母親が気がついています。**あなたが気がつかなくても、家族が気がつくこともありますし、家族が対処法を知っていることもあります。**できれば、この本を渡して、目を通してもらいましょう。そうすれば、詐欺への対処法がわかった家族が増えてより安心できます。

もし、身近な家族がいなかった場合は、常に連絡が取れる家族や親戚を作りましょう。詐欺師たちもグループであなたを騙そうとします。あなたもグループで詐欺と対抗しましょう。

詐欺から身を守る7カ条＋α

この本を読んで
家族みんなで
詐欺対策の知識を持とう

3人寄れば
文殊の知恵

家族みんなで
詐欺から身を守ろう

詐欺対策グッズ

留守番電話ではダメ 防犯電話機がある！

警察は特殊詐欺対策として、電話機を留守番電話対応にしましょうと広報しています。テレビの番組でも留守番電話にしましょうと解説します。

確かに、留守番電話にすれば電話に出なくて済みますから、特殊詐欺には遭わないかもしれません。しかし、**留守番電話にしていると空き巣犯に狙われやすくなります。空き巣のターゲットになるのです。**では、どうすればいいのでしょうか。**究極の電話機を紹介します。シャープの防犯電話機JD－ATM1CLです。**これは著者がおすすめしているものです。

この電話機は電話がかかってくると、こちらの**着信音が鳴る前に、「この通話は防犯のために録音されます」と相手に流れます。そして、相手が切らないと、「ただ今、振り込め詐欺対策モードになっています。恐れ入りますが、あなたのお名前をおっしゃってください」と流れます。**

この段階で、詐欺グループは電話を切るでしょう。さらに、**電話着信時に登録されてない番号の場合は赤いランプが点灯します。**そして、出てしまっても、迷惑電話なら途中ですぐにストップできるよう〝迷惑ストップ〟ボタンがあります。さらに、おかしいと思ったら〝あんしん相談ボタン〟があり、すぐに警察にも相談できるのです。

日本防犯学校学長おすすめ！
シャープの防犯電話機

- 商品記号　JD−ATM1CL
- 購入時から防犯設定済みだから、すぐ使える
- 金額はオープン価格のため、お店によって違います

迷惑電話、特殊詐欺電話ならすぐストップできる“迷惑ストップボタン”

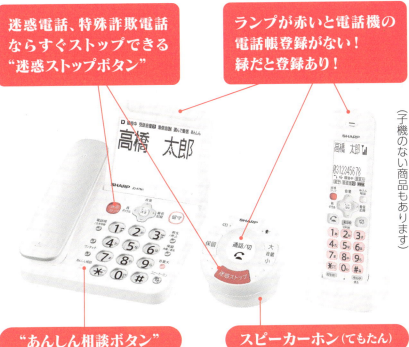

ランプが赤いと電話機の電話帳登録がない！緑だと登録あり！

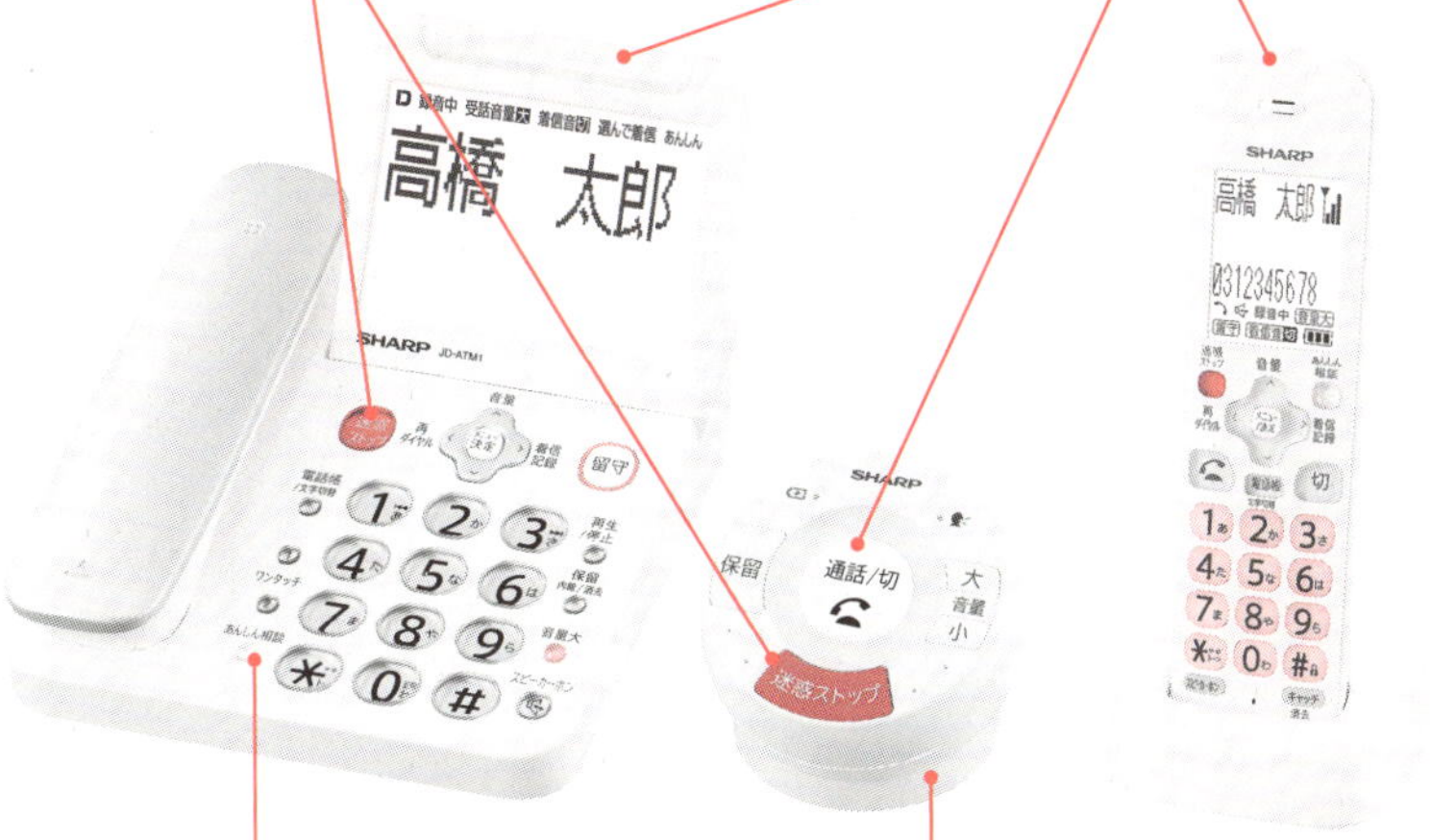

（子機のない商品もあります）

“あんしん相談ボタン”

不審電話ならすぐに警察に通報可能！
※あんしん相談ボタンは、事前に不審電話を相談できる相手を設定できます。警察署に設定すれば警察にすぐ通報。

スピーカーホン（てもたん）

※心理学の専門家のアドバイスのもとにできたスピーカーホン。耳元で話すより、距離を置いて話したほうが、人間は冷静になれます。

究極の防犯電話機を！

あとがき

自分の情報を守りましょう

最後に、皆さんにお伝えしたいことは、自らの個人情報を他人に漏らさないようにしましょうということです。

詐欺グループは、お金持ちや、自宅にお金を保管している人を狙います。タンス預金が数百万円もあれば、新紙幣詐欺やオレオレ詐欺もやりがいがありま す。すぐにお金を奪うことができるからです。

しかし、そのような情報（タンス預金があるという情報）が流れていなければ、特別なターゲットにはなりません。資産家であっても、その資産内容がわからなければ、ターゲットにはなりにくいのです。

現在は、情報屋と呼ばれるものたちがいて、個人情報は丸裸にされていると言われます。今さら隠すことは難しいとも言われます。しかし、資産家であることがわかっても、自宅にいくらお金が置いてあるかまでは、なかなかわかりません。

こんな事例がありました。あるテレビ番組のアンケート調査と称して、災害に備えて自宅にいくら保管しているか、70代の女性宅に電話で尋ねて来たそうです。その場合もズバリ聞くのではなく、「30万円より多いですか？」と聞かれて「多い」と答えたら、「100万円から200万円の間ですか？」と聞かれ、「いいえ」と答えたといいます。

これで、その女性が30万円から100万円のタンス預金があることがわかりました。そうなれば、詐欺グループはその値段に見合った詐欺を仕掛けてくるでしょう。自らの個人情報は絶対に他人には漏らしてはいけません。クレジットカードを他人に渡してしまうとスキミングされてしまうことがあります。ネットで買い物をしてクレジット情報を打ち込む時は、本当に大丈夫か確認しましょう。電話で個人情報を聞いてきたら、その電話は切りましょう。詳しい防衛方法は、『すぐできる60歳からの自宅防犯ワザ100』（日本防犯学校著、宝島社刊）に書かれているので、参考にしてください。詐欺にあわない第一歩は、自らの情報を守ることなのです。

著者

著者プロフィール

梅本正行（うめもと・まさゆき）

防犯ジャーナリスト。日本防犯学校学長。1964年からセキュリティ事業に参入し、警察署での署員特別教養講師や犯人逮捕への協力など、警察からの感謝状は400枚を超える。現場には極力足を運び、犯罪現場の環境や犯行手口など、事件の内容を検証。その数は8000件を超える。現在、犯罪者心理を知り尽くしたプロの目で、防犯ジャーナリストとして活躍。

桜井礼子（さくらい・れいこ）

『日本初の女性防犯アナリスト』日本防犯学校副学長。防犯界の第一人者。梅本正行氏に18年間師事し、事件現場の検証と取材に携わる。女性・母親・高齢者の親を持つ立場で読者と同じ目線に立ち、自分自身で出来る防犯対策を始め、子供と高齢者・女性を守る防犯対策を分かりやすく解説。

日本防犯学校（にほんぼうはんがっこう）

2014年設立の一般社団法人。学長・梅本正行が提唱する、犯罪を未然に防ぐ「予知防犯学」を社会に浸透させることを目的に、市民の防犯意識の高改革、防犯対策の指導者の育成、セキュリティ産業の発展に寄与する活動を実践している。

スタッフ
編集・執筆／**小林大作、中尾緑子**
表紙／**妹尾善史**（landfish）
表紙写真／**アフロ**
本文デザイン&DTP／**株式会社ユニオンワークス**
本文イラスト／**イラストAC**

知らないと騙される! 詐欺の最新手口

2024年9月20日　第1刷発行

著　者　　梅本正行、桜井礼子
発行人　　関川 誠
発行所　　株式会社宝島社
〒102-8388　東京都千代田区一番町25番地
電話　(営業) 03-3234-4621
　　　(編集) 03-3239-0928
https://tkj.jp
印刷・製本　中央精版印刷株式会社

乱丁・落丁本はお取り替えいたします。
本書の無断転載・複製を禁じます。
©Masayuki Umemoto, Reiko Sakurai 2024
Printed in Japan
ISBN978-4-299-05955-0